AF453408

MÉMOIRE

STATUTS

ET

PROSPECTUS.

Les personnes qui desireront souscrire pour cet
Etablissement, sont priées de s'adresser a
M. Lenglet Avocat en Parlement de
L'Academie D'Arras et Associé de celle
de Richemond qui recevra leur soumission
en sa demeure vis à vis l'hôtel de la premiere
Presidence a Arras, les enverra au Bureau
du Comité de Correspondance a Paris
et delivrera ensuite les actions.

TABLE

MÉMOIRE

STATUTS ET PROSPECTUS,

CONCERNANT

L'ACADÉMIE

DES SCIENCES ET BEAUX-ARTS

DES ÉTATS-UNIS DE L'AMÉRIQUE,

ÉTABLIE A RICHEMOND,

CAPITALE DE LA VIRGINIE;

PRÉSENTÉS A LEURS MAJESTÉS, ET A LA FAMILLE ROYALE,

Par le Chevalier QUESNAY DE BEAUREPAIRE.

A PARIS,

De l'Imprimerie de CAILLEAU, *Imprimeur de l'Académie de* RICHEMOND, rue Gallande, N°. 64.

1788.

A MESSIEURS

DE

L'ACADÉMIE

ROYALE DES SCIENCES,

A PARIS.

MESSIEURS,

Le projet, que j'ai eu l'honneur de mettre sous vos yeux, ne pouvait recevoir une sanction plus flatteuse, que

A

la vôtre, & paraître sous des auspices plus capables de lui concilier tous les suffrages. Vous formez, Messieurs, un foyer de lumière, qui contribue à éclairer les deux hémisphères; un centre, auquel doivent se rapporter les efforts de tous ceux qui travaillent pour le progrès des Sciences & de l'instruction publique.

Les Etats-Unis de l'Amérique verront, Messieurs, avec la satisfaction la plus vive, se perpétuer sous vos auspices, un Etablissement qui doit tendre à augmenter leurs relations avec la France & avec vous; & les Américains partageront le tribut de reconnoissance que je vous dois personnellement, Messieurs, pour l'accueil dont vous m'avez honoré.

Je l'ai dû, sans doute, à cet Ayeul célèbre, que vous aviez adopté. Mais il suffisoit, d'ailleurs, de vous montrer du zèle, pour ressentir les effets du vôtre, qui s'est étendu déjà, ainsi que vos travaux &

votre renommée, fur toute la furface de la terre.

Je fuis, avec un profond refpect,

MESSIÈURS,

Votre très-humble & très-
obéiffant ferviteur
QUESNAY DE BEAUREPAIRE.

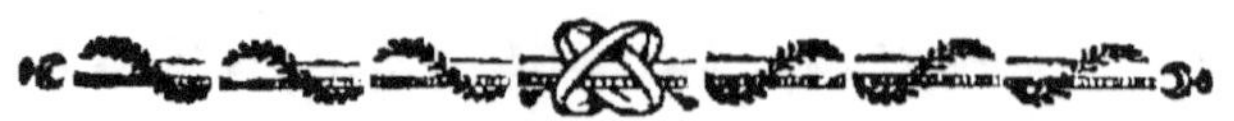

EXTRAIT DES REGISTRES

DE L'ACADÉMIE

ROYALE DES SCIENCES

DE PARIS,

Du 14 Mars 1788.

Nous, Commissaires nommés par l'Académie, avons examiné le Projet présenté par M. le Chevalier QUESNAY DE BEAUREPAIRE, concernant une Académie des Sciences & Beaux-Arts, établie à RICHEMOND, Capitale de la Virginie en Amérique, à 75 lieues de Philadelphie, & à 35 lieues de la Mer.

L'Auteur, ayant servi dix ans dans l'Amérique Anglaise, en ayant par-

A iij

couru toutes les parties, **a** eu occafion d'y reconnaître le befoin d'inftruction, & il a conçu le Projet d'y contribuer, en même-tems qu'il y trouverait
l'avantage de multiplier, dans des circonftances auffi intéreffantes que celles
de la naiffance de cette République,
les relations de la France avec elle, &
de la lier, avec fa Patrie, par de nouveaux motifs de reconnaiffance, de conformité dans les goûts, & de communication, plus intime, entre les individus
des deux Nations.

Il choisît RICHEMOND, où il avait le
plus d'amis, &, tant par fes propres fonds
que par une foufcription libre, de près de
SOIXANTE MILLE FRANCS, il parvînt
à acquérir un fuperbe local, & à faire
conftruire un édifice, deftiné à être le

centre de la nouvelle Académie. Une foule de citoyens, zélés pour le bien public, de pères jaloux de l'éducation de leurs enfans, de perfonnages même attachés aux affaires du Gouvernement s'empreſsèrent de concourir à ſes vues, & de participer, par leurs talens, leur crédit & leur fortune, à l'honneur de cet Etabliſſement ; & le 24 Juin 1786, on poſa la première pierre du bâtiment de l'Académie avec la plus grande ſolemnité, comme on le voit dans la Gazette de Virginie, qui a été miſe ſous nos yeux.

Il s'agiſſait de procurer, à cet Etabliſſement, des Maîtres pour l'enſeignement, des modèles pour les Arts, des inſtrumens pour les Sciences ; & c'eſt l'objet du voyage que M. Quesnay a fait en Europe ; il a confulté les grands Maîtres, en tout genre ; il a réuni des fujets ; & il efpère, à fon retour en Virginie, ouvrir des Ecoles, où l'on enfeignera la Phyfique, l'Aftronomie, l'Hiftoire Naturelle, la Chymie, la Minéralogie, la Peinture, la Sculpture, l'Architecture civile & militaire, & les Langues étrangères.

Il n'eft pas difficile de fentir toute l'utilité d'un pareil Projet ; on a déjà reçu, de l'Amérique, différens arbres & arbuftes, qui peuvent occuper, en Europe, des terreins, regardés comme ftériles, & procurer des reffources dans les Arts : cependant, on ne connaît encore que les rivages de la Mer & les bords des grands fleuves ; & nous devons defirer des correfpondances, plus intimes, pour la Botanique, ainſi que pour la Minéralogie.

Il y faudrait, ſans doute, des Pro-feſſeurs d'Anatomie, ſur-tout des Chirurgiens herniaires ; car on ſait que, parmi les gens qui travaillent dans les campagnes, il y a beaucoup de per-ſonnes ſujettes aux deſcentes, ſur-tout à un certain âge ; on compte même une perſonne, ſur ſix, dans ce cas-là. Il n'y a perſonne qui y faſſe des obſervations aſtronomiques, ſi ce n'eſt, de tems en tems, & comme par haſard. Les moyens d'inſtructions y ſont rares & difficiles dans tous les genres ; l'entrepriſe de M. Quesnay doit contribuer, ſans doute, à les multiplier. Nous avons été édifiés de ſon courage, & il nous ſemble qu'on en peut eſpérer beaucoup.

Nous n'entrerons point dans l'examen des moyens économiques & pécuniaires, qu'il propose, pour se procurer des reſſources. Cet article n'eſt point de notre reſſort, & il. n'eſt point dans le Mémoire, pour lequel on demande le ſuffrage de l'Académie.

Mais le Projet Littéraire, devant contribuer au progrès des Sciences, en Amérique, éclairer & ſecourir ces vaſtes Républiques, nous croyons que l'Académie ne peut qu'applaudir au zèle de M. le Chevalier QUESNAY, l'encourager, & deſirer le ſuccès de ſon Etabliſſement.

Fait à Paris, dans l'Aſſemblée de l'Académie Royale des Sciences, le 14

(11)
Mars 1788. *Signé*, DE LA LANDE,
THOUIN, TENON, LAVOISIER.

*Je certifie le préfent Extrait con-
forme à l'original & au jugement de
l'Académie.*

A Paris, le 14 Mars 1788. Signé,

Le Marquis DE CONDORCET.

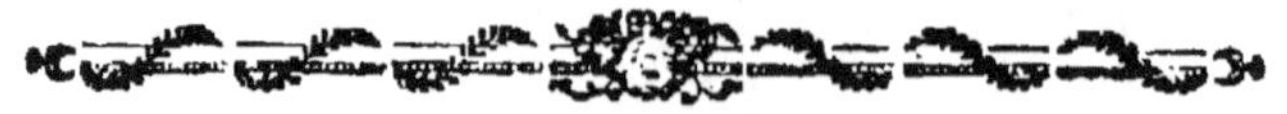

EXTRAIT

DES REGISTRES

DE L'ACADÉMIE

Royale de Peinture et Sculpture.

Du 5 Juillet 1788.

Rapport des Commiſſaires nommés pour l'examen du Mémoire relatif à l'Académie des Sciences & Beaux-Arts de Richemond en Virginie.

Nous, Commiſſaires nommés par délibération de l'Académie Royale de Peinture & Scupture, du 3 Mai de la préſente année, pour l'examen d'un Mémoire & Proſpectus concernant l'Académie des Sciences & Beaux-Arts des Etats-Unis de l'Amérique , par M. le Chevalier QUESNAI DE BEAU-REPAIRE , son Fondateur-Président ; & en conséquence d'une lettre écrite à la Compagnie , par M. BASSUEL DU VIGNOIS , Secrétaire de ladite Académie Américaine , par laquelle ce Secrétaire témoigne le desir que cette Académie naissante aurait de s'associer à celle Royale de Peinture & Sculpture de Paris , avons lu ledit Mémoire & Prospectus.

Nous y avons admiré la constance active de M. le Chevalier QUESNAY , pour cet Établissement ; nous n'y avons pas moins admiré le zèle des Etats-Unis de l'Amérique , à favoriser ce projet. Ce zèle fait l'éloge de l'Esprit , du Caractère , & des grandes vues de cette République, qui, dès sa naissance, ſe montre ſi intéreſſante ſous tous les Rapports.

Nous penſons donc qu'à l'exemple de l'Académie Royale des Sciences de cette Ville, celle de Peinture & Sculpture doit ſe hâter de céder au deſir de l'Académie des Sciences & Beaux-Arts de Richemond ; nous penſons que de pareilles Aſſociations ne peuvent que propager les lumières & les connoiſſances dans toutes les parties du monde, & qu'elles peuvent même devenir très-utiles au Commerce, répandre par-tout un eſprit de paix, & enfin reſſerrer, par la Correſpondance fraternelle des Sciences & des Arts, les liens, qui, pour le bonheur de l'humanité, devraient unir toutes les Nations.

Nota. Quant aux Arts que nous profeſſons, nous invitons l'Académie de Richemond à ſe procurer, pour le progrès des Élèves , des Profeſſeurs d'Anatomie & de perſpective, relative auxdits Arts.   *Signé*,

Pajou , Suvée, Vernet, Renou.

Certifié conforme à l'original le préſent Extrait, en foi de quoi nous l'avons ſigné, & y avons appoſé le ſceau de l'Académie. Fait au Louvre, à l'Aſſemblée de l'Académie, qui a approuvé ledit Rapport, ce 5 Juillet mil ſept cent quatre-vingt huit.

Renou,

Secrétaire - Adjoint de l'Académie Royale de Peinture & Sculpture.

MÉMOIRE

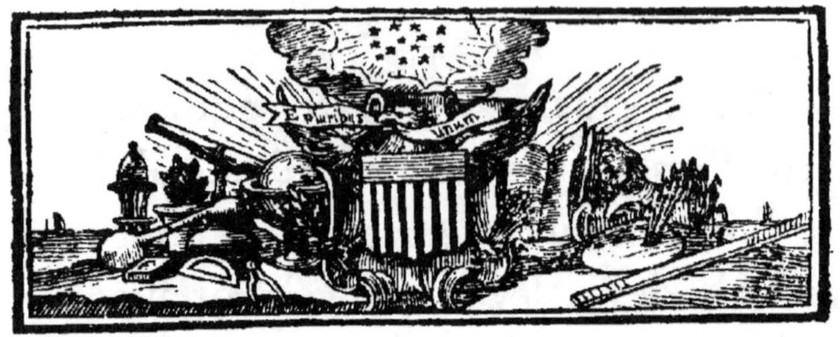

MÉMOIRE

CONCERNANT

L'ACADÉMIE

DES

SCIENCES ET BEAUX ARTS,

DES ÉTATS-UNIS DE L'AMÉRIQUE,

ÉTABLIE A RICHEMOND,

» LES ACADÉMIES SONT DES CAPITALES DES
» SCIENCES, dont on ne croit pas que les Capi-
» tales des Empires doivent, ou même puissent être

B

» *dépourvues. Il me semble déjà les voir traverser*
» *ce détroit tant cherché, & à la découverte du-*
» *quel il paraît que l'on touche, celui qui sépare*
» *l'Europe de l'Amérique ; & procurer à notre*
» *globe un avantage, dont le Soleil lui-même,*
» *quoique père du jour, ne saurait le faire jouir,*
» *c'est d'avoir ses deux hémisphères éclairés à-*
» *la-fois. (*)*

IL est donc rempli ce vœu d'un ardent
Prosélyte des Sciences & des Arts! Il était
réservé à nos jours de voir l'accomplisse-
ment de cette Prophétie, par lui consignée
dans l'ouvrage immortel de l'Encyclopédie ;
& je dois à la constance de mes efforts puis-
samment appuyés, d'avoir fixé une époque
à jamais mémorable dans les fastes de la
République Littéraire.

(*) Encyclopédie , Edition de Genève , 1778. Tom. I. pag. 250
Art. *Avantages des Académies.*

Au moment où je me trouvais enveloppé dans la réforme du Corps des *Gendarmes de la Garde du Roi*, les convulsions de la guerre civile agitaient une partie du Nouveau Monde. Entraîné par l'espoir brillant de me signaler dans la carrière des Armes, je passai en Amérique, & servis en Virginie, pendant le cours des années 1777 & 1778 en qualité de Capitaine.

Mais la perte de mes équipages, celle de toutes mes lettres de recommandation, égarées dans les Bureaux du Gouverneur (alors en place,) P. H., auquel je les avais confiées ; enfin une maladie longue & cruelle, jointe au défaut de ressources, dans un si grand éloignement, me forcèrent de renoncer au parti des armes.

J'avais eu occasion à la guerre, & depuis,

de parcourir prefque toute l'Amérique An-
glaife : les connoiffances affez étendues que
je poffédais dans la partie des Beaux-Arts,
me firent bientôt juger que, fi cette République n'a rien à envier à l'Europe du côté
des Sciences, les Beaux-Arts y étaient telle-
ment ignorés, que, même avec des talens
médiocres, je pourrais y être utile. Je cher-
chai d'abord à fonder & éveiller le goût des
Américains par des inftructions particulières :
J'eus bientôt des Élèves, & je conçus le
projet de fonder une ACADÉMIE, en
Amérique.

J'y voyais outre, la poffibilité de me
faire connaître, l'avantage, plus précieux encore, de multiplier, dans des circonftances auffi intéreffantes que celle de la
naiffance de cette République, les relations
de la France avec elle, & de la lier avec ma

Patrie par de nouveaux motifs de reconnaiffance, de conformité dans les goûts , & de
communication plus intime entre les Individus des deux Nations.

Je parcourus donc les principales Villes
de l'Amérique, pour y répandre un peu généralement le goût des beaux Arts, & choifir
le local qui conviendrait le mieux à L'ÉTA-
BLISSEMENT que je projettais. La Virginie
était le lieu où j'avais paffé les premiers
momens de mon féjour en Amérique ; j'y
avais fait beaucoup , & de très-bons amis ; on
y fongeait à ériger RICHEMOND en Capitale
de cet État; ces circonftances me firent trouver, à Richemond , plus de facilité que par-
tout ailleurs. Le peu de fonds que j'avais
amaffés, joint au produit d'une SOUSCRIP-
TION LIBRE (1), fut employé à l'acquifi-

____

(1) De près de foixante mille livres tournois.

tion d'un ſuperbe local, & à la conſtruction d'un édifice, deſtiné à être le centre & le foyer des Sciences & des Beaux-Arts. Une foule de Citoyens zèlés pour le bien public, de Pères jaloux de l'éducation de leurs enfans (1), de perſonnages mêmes attachés aux

---

(1) Traduction d'une Lettre anglaiſe, dont un des originaux eſt entre les mains de l'Auteur, écrite par Madame BÉACHE, au Docteur FRANKLIN.

Philadelphie, le 27 Février 1783.

MON CHER ET HONORABLE PÈRE,

« Avec cette Lettre, vous recevrez un projet pour une Académie » Françaiſe qui doit s'ériger ici ; c'eſt un plan fort étendu, & » qui fera honneur au Monſieur qui l'a tracé, auſſi bien qu'à » l'Amérique : s'il peut être exécuté, il ne dérangera nullement » le plan des Collèges, & ſera ſeulement pour compléter l'éduca- » tion des jeunes gens, quand ils en ſeront ſortis. Ceux qui ſont » déjà ſous M. *Queſnay* ont fait de grands progrès.

» Il vous regarde comme le père des Sciences dans ce pays-ci, & » pour les avis & les leçons que vous n'avez jamais manqué de » donner à ceux dont les talens ſont louables.

» L'argent eſt l'article qui manque ; mais le frère de M. *Queſnay*

affaires du Gouvernement , s'empreſsèrent de concourir à mes vues , & de participer par leurs talens, leur crédit & leur fortune, à l'honneur de cet Établiſſement.

Enfin, le 24 Juin 1786 (1), après dix

» en vous remettant cette lettre , vous informera de quelle manière, » vous pourrez lui rendre les ſervices les plus utiles.

» Je conçois fort combien vous devez être occupé dans cette » criſe importante ; mais, en mère qui deſire donner à mes enfans » une éducation utile & polie , ſur-tout fière de les avoir formés » dans mon pays & ſous mes yeux , je vous prie de donner à M. *Queſnay* toute l'aide & l'aſſiſtance qui ſeront en votre pouvoir.

» Je vous ai déjà écrit par une autre occaſion , & ne vous ajou- » terai que l'amour & le reſpect de toute la famille : ſur ce , je » ſuis votre affectionnée fille ».

J. BÉACHE.

(1) Inſcription gravée ſur une plaque, poſée par les Magiſtrats & les Conſeillers de l'Académie.

Anno Domini 1786, *Reipublicæ* 10, *VIII Kalendas Julü*, *Res Virginiæ, adminiſtrante* PATRIK HENRI, *Academia quam deſignavit.*

B 4

ans de traverfe , de perfévérance & d'étude ,
j'eus la fatisfaction de voir jetter les fonde-
mens de l'Académie avec une folemnité
fans exemple, en préfence du Conful & des
Députés de la Nation Françaife. On nomma
ma , CONSEILLERS , plufieurs des princi-

ALEXANDER-MARIA QUESNAY.

atque beneficiis plurium Civium bene meritorum adjutus, tandem perficiet, prima fundamenta pofuit.

JOANNES HARVIE, *Præt. Urb.*

Infcription gravée fur une autre plaque d'argent, inclufe dans la première pierre, pofée par les F.·. M.·.

Première Pierre d'une Académie dans la Ville de RICHEMOND,

ALEXANDRE-MARIE QUESNAY , étant Préfident ,

pofée , à l'Orient de Richemond , par les Maîtres-Gardiens & Compagnons de la L.·., Nº. 31, le jour de la Fête de St. Jean-Baptifte , l'An de la V. L. 5786, de l'Ere Vulgaire 1786.

JOHN GROVES, Maître.
JAMES MERCER , Grand-Maître.
EDMUND RANDOLPH D. P. G. Maître.

paux Membres de l'Etat (1): on me décerna le titre de PRÉSIDENT.

Il ne fuffifait pas d'avoir fondé cette Académie , d'en avoir élévé le bâtiment , d'avoir fur-tout infpiré , aux Américains , le goût des Beaux-Arts , & d'avoir gagné leur confiance en faveur des Inftituteurs français ; il

---

(1) Extrait de la Gazette de Virginie *du* 1er. Juillet 1786.

NOMS des Perfonnes qui ont été choifies par les Soufcripteurs , pour Confeillers & Tréforiers.

John Harvie, Ecuyer , alors Maire de la Ville , allié à la famille de fon Excellence M. *Jeferfon.*

Le Colonel Thomas Randolph, Ecuyer , coufin du Gouverneur maintenant en place.

Le Docteur James Melurg, Ecuyer, Confeiller d'État.

Le Colonel Robert Goode, Ecuyer.

Le Docteur William Foushée , Ecuyer. } *Magiftrats.*

Robert Boyd , Ecuyer.

M. Benjamin Lewis, Tréforier , allié de M. *Litle-Page* , Chambellan du Roi de Pologne

Extrait de la Gazette du 1er. Mai 1785.

fallait cultiver ce goût, conferver cette confiance , maintenir l'établiffement , doter
l'Académie de modèles , & inftrumens néceffaires qui n'exiftaient pas en Amérique,
affurer à des Maîtres, au moins pour com-
mencer, un traitement qui les attirât , &
permît de les choifir ; enfin établir une Cha-
pelle pour les Catholiques Romains , épars
en Virginie.

On fent affez , combien cette entreprife
ferait au-deffus de mes faibles reffources ;
elle furpafferait même les forces d'un homme
riche & puiffant, s'il était feul.

A mefure que j'ai fixé mes regards fur ce
tableau , il s'eft dévéloppé à mes yeux :
chaque moment, chaque circonftance , l'a ,
pour ainfi dire , aggrandi; mon amour-pro-
pre, flatté du titre de Fondateur, & exalté

par les encouragemens que j'ai reçus de toute part des perſonnes les plus qualifiées & les plus reſpectables, j'ai mis mon bonheur, j'ai preſque attaché mon exiſtence à celle de L'ACADÉMIE; & j'ai ſenti qu'il convenait non-ſeulement de la porter au plus haut degré d'élévation, mais encore, de lui donner toute l'extenſion dont elle eſt ſuſceptible. Qu'il importait d'aſſocier à la communication des talens & des lumières, quelques Villes principales *des États de l'Amérique*, telles que BALTIMORE, PHILA-DELPHIE, NEW-YORK, afin que, ſe tenant toutes, comme par la main, elles ſe ſerviſſent mutuellement d'appui. (1) Que néanmoins il était prudent, avant de tenter ces

---

(1) Pour la commodité & l'avantage des Elèves, il ſera établi à Richemond, ainſi que dans les autres Villes, ſous l'inſpection & la protection de l'Académie, des Penſionnats de l'un & de l'autre ſexe.

efforts ultérieurs, de confolider l'établiffement principal, de manière à ne plus laiffer
aucun doute fur fon fuccès & fa durée.

En conféquence il fallait, (& c'était le
point effentiel,) appeller à RICHEMOND & y
fixer des Artiftes dans tous les genres, capables d'y faire des Élèves & des Profélytes ;
des Artiftes en état de pratiquer & d'en-
feigner, chacun, fon Art, en particulier.
Entre toutes les capitales du monde, PA-
RIS & LONDRES m'ont paru celles où je
pouvais manifefter mon zèle avec le plus
d'avantage, & mieux remplir le vœu des
Américains.

Auffi-tôt que j'ai pu me dérober aux foins
qu'exigeait, de moi, mon Académie naif-
fante, j'ai franchi les barrières qui me fépa-
raient de l'Europe ; & depuis un an je n'ai

cessé de parcourir les Atteliers & les Académies : j'ai consulté les grands Maîtres en tout genre : enfin je suis prêt à réunir un nombre de Sujets suffisans pour ouvrir, à notre arrivée en Virginie, des Ecoles où seront enseignées LES LANGUES ÉTRANGERES, LES MATHÉMATIQUES, LE DESSIN, L'ARCHITECTURE CIVILE ET MILITAIRE, LA PEINTURE, LA SCULPTURE, LA GRAVURE, LA PHYSIQUE EXPÉRIMENTALE, L'ASTRONOMIE, LA GÉOGRAPHIE, LA CHYMIE, LA MINÉRALOGIE, LA BOTANIQUE, L'ANATOMIE (1), TANT HUMAINE QUE VÉTÉRINAIRE, ET TOUT CE QUI APPARTIENT A L'HISTOIRE NATURELLE.

---

(1) Cette branche précieuse de nos connaissances (*l'Anatomie*) que, d'après le préjugé national, l'Auteur croyait avec regret ne pouvoir faire entrer dans son plan d'enseignement, fut ajoutée sur l'avis & à la réquisition unanime de l'Académie Royale des Sciences de Paris.

C'eſt par l'étude approfondie de la Nature, par la recherche active & l'envoi de ce
qu'elle offre d'intéreſſant dans l'Amérique
Septentrionale, que la nouvelle Académie
s'efforcera de témoigner ſon zèle aux diverſes Nations de l'Europe, & à la France,
à qui elle a des obligations particulières, ſa
vive reconnaiſſance. Ces Collections pré-
cieuſes, que tant de cauſes concourrent à
altérer dans les voyages, il importe de pourvoir à ce qu'elles arrivent bien conſervées
au lieu de leur deſtination.

Le moyen préſenté par l'un de nos Aſſociés Etrangers, M. DAVID LE ROI, de
l'Académie des Belles-Lettres, ſemble devoir parer à un grand nombre d'inconvé-
niens. Hé ! qui ſait de quelle utilité pourrait
être dans la ſuite, pour le Commerce de la
Capitale, ſon ingénieuſe découverte !

Il a fait voir au milieu de Paris un Navire (1) qui, par ſes proportions & ſa voilure, dont la mâture eſt mobile, a la propriété très-conſtatée par des épreuves réité-
rées, de naviguer également bien en mer,
& ſur les fleuves; qui, portant 13 à 14 ton-
neaux, ne tire, tout chargé, que trois pieds
d'eau, & peut aller cependant de Paris à Londres, à Lisbonne, à Amſterdam. (2) L'Au-

---

(1) On en lit la deſcription, & le projet qui en avoit été précédemment annoncé, dans deux lettres de M. David le Roi à M.
Franklin, imprimée dans le Journal de Phyſique, année 1788,
mois de Mars & d'Avril.

(2) Le premier modèle de ce genre de Navire a été exécuté à
Paris, ſur les Deſſins de M. le Roi, en 1785. Il l'avait éprouvé dans
la même année, en allant de Paris au Havre, & en revenant du
Havre à Rouen. Il en avait donné la deſcription dans un Mémoire
lu à une rentrée publique de l'Académie des Belles-Lettres, &
qu'on trouve chez Nyon, Libraire, ſous le titre de Nouvelles
Recherches ſur le Vaiſſeau long & les voiles latiles.

Les vues nouvelles qu'offrent ſa ſtructure & ſa voiture ont mérité
l'attention de S. A. S. Monſeigneur le Duc d'Orléans. Il lui ap-

teur affure que ce bâtiment exécuté fur une échelle double, & ne tirant pas plus d'eau que la Diligence qui remonte la Seine de Rouen à Paris, pourrait, en partant de cette dernière Ville, faire le tour du monde.

Quel fpectale enchanteur feroit pour l'un & l'autre continent un Vaiffeau de cette efpèce, chargé de Plantes, d'Arbuftes, de Minéraux, d'Animaux rares, qui, lancé au pied des murs de l'Académie de Richemond, débarquerait fur les bords du Louvre, & lui apporterait, en Tribut, les richeffes de tout genre, qu'Elle fe ferait empreffée de recueillir.

La Mufique, les Armes, la Danfe, l'Equitation, & d'autre branches d'éducation

---

partient, & on le voit au Rincy, fur une pièce d'eau de cette fuperbe habitation.

entreront

entreront auſſi dans les détails de notre Inſtitution.

Tel eſt le plan de cette grande Académie que l'on pourrait preſque nommer ACADÉMIE UNIVERSELLE. Il aura ſans doute l'approbation des Savans, des Gens-de-Lettres, des Artiſtes ; il eſt fait pour intéreſſer tout bon Citoyen. J'ai jugé que mes Compatriotes, que les Européens, amis des Sciences & des Arts, de quelque nation qu'ils fuſſent, partageraient mon enthouſiaſme, & ſe détermineraient, avec plaiſir, à participer à la gloire de cet établiſſement, en coopérant aux frais qui reſtent à faire. Ils deviennent d'une abſolue néceſſité, pour me ménager les reſſources dont j'ai beſoin, & faire dans ma patrie l'acquiſition d'articles indiſpenſables, qui manquent abſolument en Amérique.

C

Je veux, (outre la gloire,) que la somme
placée par chacun, produife un *intérêt*, capable de déterminer ; que les efprits froids
& calculateurs, qui feraient tentés de ne
regarder cet établiffement que fous l'afpect
de l'utilité perfonnelle, & qui n'y verraient
qu'une fpéculation de finance & de commerce, y prennent intérêt, parce qu'ils fen-
tiront qu'il eft peu d'affaires auffi sûres, &
qu'il n'en eft point qui puiffe offrir A DES
ACTIONNAIRES, des réfultats plus avantageux.

C'eft dans cette perfuafion que je me fuis
décidé à ouvrir une *foufcription*, dont l'objet & les conditions font déterminés par le
Profpectus ci-joint. Il ne me refte plus qu'à
développer, avec autant de clarté que de
précifion, les avantages que doivent retirer
les foufcripteurs.

Les Arts, il eſt vrai, ſont cultivés en Amérique; mais la plupart des Maîtres qui les y enſeignent, n'ont quitté leur patrie que par légéreté ou par inconduite, & pour fuir l'indigence attachée à la baſſe médiocrité; une troupe de Maîtres de Langues, de Muſique & de Danſe; des Peintres, des Sculpteurs, des Deſſinateurs, &c., courent de ville en ville, mais n'y laiſſent preſque jamais, après eux, que des Élèves à qui ils n'ont plus rien à apprendre, à qui ſouvent ils n'ont rien appris, & ils emportent un argent immenſe, fruit de la généroſité des Américains, qui ſe ſont repentis plus d'une fois de la confiance accordée à ces Maîtres (1).

Quand une Académie, avouée par le

____

(1) Si une partie des Américains a mauvaiſe opinion des Français en général : c'eſt par ce qu'ils les jugent d'après quelques Aventuriers qui ſont paſſés en Amérique.

peuple & le Gouvernement, n'adoptera,
pour INSTITUTEURS, que des Sujets dont
les talens & les mœurs feront atteftés &
connus; quand elle fera pourvue de tous les
modèles & inftrumens néceffaires, à l'*inftar*
des Académies les plus célèbres de l'Europe;
lorfqu'elle aura accueilli dans fon fein des
hommes d'une réputation diftinguée, qui
tantôt y profefferont leur Art, tantôt iront
dans les Capitales des autres Etats, ouvrir
des Cours publics, & donner des leçons
particulières; lorfqu'enfin ces Maîtres fe
préfenteront aux Citoyens, fous la *protection*, difons plus, fous la GARANTIE d'un
établiffement patriotique, les Américains
leur ouvriront leurs foyers avec complai-
fance. L'inftruction devenant plus certaine,
& n'étant plus accompagnée de dangers,
elle deviendra auffi plus générale, & plus

lucrative : & fi parmi les Maîtres qui exif-
tent aujourd'hui en Amérique, il s'en trouve, dont les talens & l'honnêteté méritent
l'adoption, on s'empreffera de les accueillir,
de les appeller même, & de leur faire partager la gloire, & les autres avantages def-
tinés aux Membres de l'Académie.

Mais, pour indemnité des avances qui
feront faites aux Profeffeurs, Maîtres & Artiftes, avant leur départ d'Europe, des frais
de leur paffage, de l'engagement de pourvoir à leur fubfiftance & entretien *pendant
un an*, à dater de leur arrivée en Virginie,
ou même *pendant dix-huit mois*, s'il était
néceffaire : à raifon de la certitude qu'elle
leur procure à tous, d'avoir journellement
des leçons lucratives à donner ; du foin
qu'elle prendra de pourvoir au choix des
Villes où ils devront fe tranfporter, & de

fixer les époques de leur départ & de leur retour ; des frais qu'ils occafionneront ; de l'attention qu'elle aura de les y faire annoncer publiquement pour donner aux Elèves des environs le tems de fe réunir ; enfin, de la dépenfe à faire pour leur fournir gratuitement les modèles, inftrumens & matériaux néceffaires, il eft convenu que la MOITIÉ DU PRODUIT, tant des Cours publics qui feront faits par chacun des Maîtres, que des leçons particulières qu'il fera dans le cas de donner, appartiendra à l'Académie, & en conféquence fera verfée entre les mains du Tréforier général, à RICHE-MOND.

Ceux des Profeffeurs qui feront employés à des ouvrages particuliers, ou à des travaux publics, comme Architectes, Sculpteurs & autres, ce qui ne manquera pas d'arriver, vu la fupériorité de leurs talens ;

les Minéralogiftes chargés de découvrir & d'exploiter les mines pour le compte des Compagnies ou du Gouvernement ; tous enfin fubiront la même retenue de moitié, & nul ne pourra fe livrer à aucune entreprife, dans le genre qui lui eft propre, que de l'aveu & pour le bénéfice de l'Académie.

La Pépinière (1) préfente, fans doute,

---

(1) RICHEMOND, par fa fituation au 300e. degré de longitude & 37e de latitude, & par l'abord facile des vaiffeaux jufqu'aux murs de l'Académie, femble offrir le lieu le plus propre de l'Amérique, pour y former un entrepôt général de Botanique. Les faifons de l'année y font fentir régulièrement leur influence. L'hyver eft affez froid & l'été affez chaud, pour y cultiver tout ce qui croît au Nord & au Sud de la France.

La pofition de cette Ville eft charmante à tous égards, fon emplacement occupe une vallée & deux collines, fur l'une defquelles eft bâtie l'Académie. La rivière de *James* forme, au pied de fon enceinte, une fuperbe cafcade, d'environ trois mille de fongueur

les plus grands avantages ; non-feulement aux Soufcripteurs, *qui en partageront les produits*, mais, devenant l'entrepôt *unique* & *général* pour tout le Continent de l'Amérique, elle offrira, aux diverfes Nations de l'Europe, des reffources auffi agréables, que précieufes, en ce genre. Les pépinières déjà établies à *New-Yorck* & à *Charlefton* étant abfolument au compte du Roi de France, ne font pas de nature à remplir le même objet.

L'Ingénieur, le Deffinateur & le Peintre feront occupés, dans les intervalles de leurs cours, à lever & deffiner les plans, les vues, & les monumens les plus remarquables de l'Amérique ; les Graveurs & leurs Elèves

---

Les t nfports cefferont d'être interceptés en cet endroit, au moyen d'un canal d'une lieue, que l'on creufe en ce moment, & qui rendra cette rivière navigable jufqu'à 80 lieues au-deffus de cette Capitale de la Virginie.

les graveront avec le plus grand foin ; cela formera, fous peu, une collection non moins curieufe qu'intéreffante, dont les Amateurs Européens feront auffi jaloux que les Amécains eux-mêmes ; les plans & deffins, vendus pour le compte, tant des Artiftes, que de l'Académie, tourneront au profit des Intéreffés ; &, indépendamment de ce bénéfice qu'ils auront à partager, il en fera remis, *gratuitement*, à chacun des Actionnaires, une des meilleures épreuves.

On publiera, au mois de Décembre de chaque année, un ALMANACH DE L'ACADÉMIE, contenant le nom des Préfidens, Confeillers & autres Officiers, des Affociés-Réfidens & Étrangers (1), des Maîtres, des

(1) » Les places d'Académiciens font devenues des Brevets d'hon-
» neur, qui figurent avec ceux des Maréchaux & des Miniftres ;

Artiftes & des Elèves, la lifte des Souf-cripteurs, & l'annonce des travaux entrepris dans le cours de l'année. On ne peut douter que cet *Almanach*, fortant de la preffe de l'Académie, ne devienne très-intéreffant pour tout le pays Américain, & qu'il n'en foit vendu un très-grand nombre d'Exemplaires.

On imprimera auffi, tous les ans, un Volume contenant LES MÉMOIRES DE L'ACADÉMIE ; ces Mémoires feront répandus dans toutes les *Académies* de l'Europe, les amateurs & les favans, s'emprefferont d'enrichir leur bibliothèque de ces recueils ; deux articles *importans*, à ajouter aux béné-

---

» elles font même recherchées par des Princes par des Héros que » la Renommée exalte, que la gloire couronne. » (*Encyclopédie, édition de Genève*, tom. 1, *page* 250.)

fices des Soufcripteurs, qui recevront, auſſi gratuitement chacun un Exemplaire de l'un & l'autre Ouvrage.

Pourquoi taire, ici, le ſecours *puiſſant* que nous pouvons nous flatter d'obtenir à notre arrivée en Amérique ? Nous n'ignorons pas combien, en général, le ſyſtême politique des Gouvernemens eſt peu favorable à ces ſortes d'établiſſemens qui, ſous l'appas ſéducteur d'un gain très-éventuel, ne minent que trop ſouvent les fortunes des Particuliers. Néanmoins une Loterie, peu onéreuſe par des combinaiſons modérées, limitée pour un certain eſpace de temps, juſtifiée d'avance, par la ſageſſe avec laquelle elle ſera adminiſtrée, par la modicité de ſes bénéfices, par l'emploi honorable & ſatisfaiſant qui en ſera fait, n'inſpirera pas les mêmes craintes, & nous avons lieu d'eſpérer

que les États , principalement celui de
VIRGINIE, qui, dans une occafion d'un autre
genre (1), accorda un femblable privilè-
ge, ne refuferont pas, à l'*Académie*, cette
preuve de protection & d'encouragement.
Cette reffource, active, & inftantanée, fa-
cilitera les moyens de fubvenir à la dépenfe
qu'entraînera l'entière confection des bâtimens déjà exiftans, & la conftruction de ceux
à élever, pour le même objet, dans les trois
autres Villes. En reconnaiffance de ce bien-
fait, & de ceux qu'il a déjà reçus, l'Auteur
fe propofe de fonder, *à perpétuité*, *trois fois
la femaine*, des leçons *gratuites* en faveur de
vingt-cinq Pauvres élèves, que l'on admet-
trait à concourir pour les places vacantes,
fur la défignation qui en ferait, préalablement, faite par les Magiftrats.

---

(1) Il s'agiffait de l'établiffement d'une L. de F. M.

Mais fans parler de la Loterie, & de plufieurs autres fources d'avantages pécuniaires que nous paffons fous filence, l'on re-
connaîtra fans peine que les objets, ci-deffus
préfentés, font *plus que fuffifans* pour affurer aux Actionnaires, & leur bénéfice annuel,
& le Rembourfement de leur capital, aux
époques qui vont être fixées.

Au mois de Janvier de chaque année, fur
le relevé des livres qui feront tenus dans le
plus grand ordre, & des comptes arrêtés
fur les lieux par les Préfident, & Confeillers de l'Académie, on dreffera un tableau
général de recette & de dépenfe, qui fera
envoyé, en Europe, aux divers Correfpon-
pondans, & par eux, diftribué aux Actionnaires. D'après ce tableau, chaque *porteur
d'action* recevra fon *dividende*, à raifon d'un
quatre centième. Sur l'apperçu que nous en

en avons fait, nous pouvons affurer que le bénéfice *annuel*, provenant des Ecoles feulement, paiera, & au-delà, l'intérêt du capital.

LES SOUSCRIPTEURS EUROPÉENS auront A RICHEMOND un *Agent de confiance*, avec lequel les Commiffaires du Comité fubfiftant à Paris, établiront un commerce de Lettres réglé : cet Agent aura des appointemens, qui feront à la charge de L'ACADÉMIE, ainfi que les autres frais de Correfpondance. Ils le chargeront de dépofer au greffe du Tribunal de Richemond une EXPÉDITION DU PROSPECTUS DE SOUSCRIPTION, revêtue des formes légales; & par-là le Traité convenu entre le Fondateur-Préfident , & les autres intéreffés, fera mis fous la fauvegarde des Magiftrats.

Qui pourrait avoir le moindre doute sur la protection soutenue, que donneront les Américains à cet établissement ? Ce qu'ils ont déjà fait pour lui, est une preuve incontestable de ce qu'ils feront encore ; ils ont un *intérêt* trop direct, pour balancer un instant. Cet *intérêt*, (j'ose le dire,) s'étend jusques sur ma Patrie ; c'est ainsi, du moins, qu'en ont jugé plusieurs Personnages distingués, qui, joignant à l'amour des Beaux Arts, le coup-d'œil perçant d'une saine politique, desirent de voir se perpétuer les liaisons des diverses Nations de l'Europe avec l'Amérique.

Peut-être, dix années de séjour & d'expérience m'autorisent-elles à dire, que ce moyen n'est pas à négliger pour prévenir la décadence du Commerce Français avec les Etats-

Unis. Quelques marchandifes de médiocre qualité, ou, pour mieux dire, des rebuts de Magafin, envoyés dans ce pays par une infinité de petits Spéculateurs, imprudemment avides, commencent à donner du difcrédit aux Négocians Français, qui s'exporaient à perdre ce Commerce, fi l'on ne prend de fages mefures pour l'éviter, & fi les relations de la France avec les États-Unis, ne fe multiplient fous tous les points de vue. Ce que je propofe eft de nature à faire, dans tous les efprits, principalement dans ceux des hommes qui gouverneront toujours les autres, une impreffion auffi profonde que durable.

Si j'ofais parler de moi, après d'auffi grandes confidérations, je dirais, que j'ai toujours cherché, dans la fphère étroite où je me fuis renfermé, à faire aimer & refpecter

le

le nom Français ; que je cherche à soutenir le mien, puisque c'est le plus précieux héritage que m'ait laissé mon Ayeul (1), & que la preuve d'une conduite à l'abri du plus léger reproche, est la confiance dont m'honorent les habitans de la *Virginie* : qu'ils attendent de moi, le succès dont j'ai presque ôsé les flatter ; & que le jour où je retournerais à *Richemond*, sans avoir rien fait, serait peut-être celui où l'on commencerait à me regarder d'un autre œil. On a tant de preuves de l'attachement de la Nation Française pour l'Amérique ; on y est si persuadé de la bienveillance du Monarque qui la gouverne, qu'on ne pourrait rejetter le défaut de réussite, que sur le personnel de l'Agent.

Mais, loin de moi, ce sinistre présage.

____

(1) Le Docteur Quesnay , premier Médecin ordinaire du feu Roi Louis XV.

D

Flatté d'avoir été l'Auteur d'une entreprise heureusement commencée, je regarderai comme le plus beau jour de ma vie, celui où quittant le vaisseau pour descendre sur les terres de l'Amérique, je pourrai m'écrier : ENFIN M'Y VOILA ! je viens accomplir les promesses que j'avais faites, remplir les espérances que l'on avait conçues de moi, & prouver aux Américains, que je suis digne de leur confiance, de leur amitié, & de leur estime.

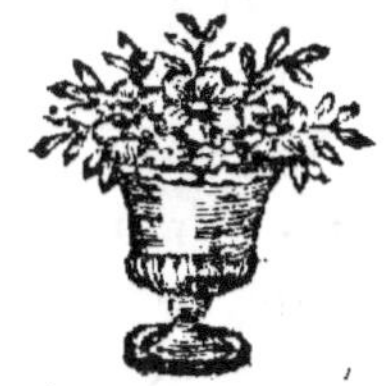

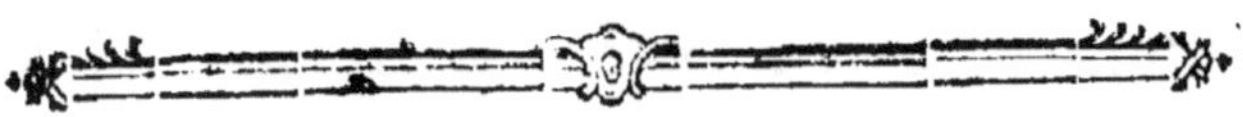

EXTRAIT
DES STATUTS
ET RÉGLEMENS

De l'Académie des Sciences & Beaux Arts des États-Unis de l'Amérique, établie à Richemond, Capitale de la Virginie.

ARTICLE PREMIER.

L'ACADÉMIE des Sciences & Beaux Arts de Richemond sera composée du Fondateur-Président, des six Conseillers, nommés par l'acte solemnel de son installation, du 8 Mai 1786, (lesquels seront inamovibles) d'un Trésorier-Général, d'un Secrétaire & d'un Adjoint.

ART. II.

Elle sera de plus composée d'un Vice-Président, d'un Agent des Souscripteurs Européens, des Professeurs, Maîtres & Artistes en chef, attachés à l'Académie, de 25 Associés-Résidens, & de 175 Associés Étrangers.

D 2

ART. III.

A l'inftar de l'Académie de Richemond, il fera formé de femblables Etabliffemens dans les villes de BALTIMORE, PHILADELPHIE, NEW-YORCK & les Membres de ces Académies feront auffi membres de celles de Richemond.

ART. IV.

L'Acadé mie de Richemond fera en correfpondance avec l'Académie Royale des Sciences, celle de Peinture & de Sculpture de Paris, la Société Royale de Londres, la Société Royale & Impériale de Bruxelles...... & autres Compagnies favantes de l'Europe.

ART. V.

Les Préfident, Vice-Préfident & Confeillers, le Secrétaire & fon Adjoint, le Tréforier-Général formeront feul LE CONSEIL D'ADMINIS-TRATION.

ART. VI.

Ce Confeil veillera aux intérêts de l'Académie, & ftatuera fur tous les objets relatifs à fa police, tant intérieure qu'extérieure.

ART. VII.

En conféquence il aura feul le droit d'approuver & diriger les travaux qui feront entrepris par les divers Membres de l'Académie, ou par ſes ordres; il réglera la tenue des Ecoles, fixera le départ des Profeſſeurs, Maîtres ou Artiſtes, pour les Académies qui feront de ſa dépendance, l'époque de leur retour, & jugera définitivement toutes les difficultés qui pourraient naître, ſauf l'appel à l'*Aſſemblée générale.*

A R T. V I I I.

Il ſera établi un COMITÉ compoſé : 1°. Des Membres ci-deſſus déſignés, formant le Conſeil d'adminiſtration ; 2°. des Profeſſeurs, Maîtres & Artiſtes en chef de l'Académie ; 3°. des Aſſociés-Réſidens.

A R T. I X.

Ce Comité ſera chargé d'examiner les Projets, Mémoires, Plans & Machines qui feront préſentés à l'Académie ; les inventions & nouvelles découvertes, & généralement tout ce qui ſera relatif au progrès des Sciences & des Arts. Le rapport en ſera fait par l'un d'entre eux, au Conſeil d'Adminiſtration, d'après lequel il portera ſon Jugement.

A R T. X.

Ce Comité aura le droit de ſtatuer ſur la néceſſité, ſoit de l'appel à l'Aſſemblée générale, ſoit même d'une convocation extraordinaire, s'il y a lieu.

ART. XI.

Le cas arrivant d'un partage égal de suffrages dans les délibérations, la prépondérance appartiendra au Président, ou à celui qui le remplacera.

ART. XII.

L'Affemblée générale, à laquelle tout Soufcripteur aura droit de voter, fe tiendra régulièrement deux fois par an, dans le courant de Janvier & de Juillet, à moins que des circonftances urgentes & imprévues n'exigeaffent une convocation extraordinaire.

ART. XIII.

C'eft dans cette Affemblée que feront élus par la voie du fcrutin le Vice-Préfident, (qui ne pourra être choifi que parmi les Membres Américains, tant que l'Académie fera préfidée par un Français), le Secrétaire & fon Adjoint, le Tréforier-général de Richemond, & l'Agent des Européens.

ART. XIV.

Le Tréforier-général de Richemond touchera feul toutes les fommes à percevoir pour le compte de l'Académie, à quelque titre que ce puiffe être. Les Tréforiers particuliers des autres Villes, compteront avec le Tréforier-général, tous les fix mois, & verferont entre fes mains celles dont ils fe trouveront reliquataires.

A r t. X V.

Le Tréforier-général fera tenu de donner en immeubles un cautionnement fuffifant. Tous les trois mois il préfentera au Confeil d'Adminiftration fes comptes de recette & dépenfe, & l'état de fituation de fa caiffe, lefquels feront vifés & arrêtés par le Confeil d'Adminiftration, & fignés par le Préfident & le Secrétaire. Ils figneront pareillement tous les mandats à acquitter pour la dépenfe courante.

A r t. X V I.

Il aura deux caiffes, l'une pour la recette & la dépenfe courante, l'autre pour les deniers à mettre en réferve. Celle-ci fera fermée de trois clefs, dont l'une reftera entre fes mains, l'autre dans celle du Préfident, & la troifième fera remife à l'Agent des Européens.

A r t. X V I I.

Aux termes de l'Engagement qui fera pris entre le Fondateur-Préfident, & chacun des Profeffeurs, Maîtres & Artiftes, (& pour le tems feulement de fa durée;) il leur fera expreffement interdit d'enseigner & d'exercer leur art, en quelque lieu de l'Amérique que ce soit, autrement que pour le service & pour le compte de l'Académie ; sous peine de confiscation *du quartier courant.*

ART. XVIII.

En considération des avances ou dons gratuits qui seront faits aux Professeurs, Maîtres ou Artistes, tant avant leur départ d'Europe, que lors de leur arrivée en Virginie, & de l'État qui leur est assuré par leur aggrégation à l'Académie, il n'appartiendra à chacun d'eux que la moitié du produit, tant des cours par lui faits en public, que des leçons particulières qu'il sera dans le cas de donner, après en avoir préalablement obtenu le consentement du Conseil d'Administration ; la même retenue aura lieu à l'égard des ouvrages entrepris par les Artistes de l'Académie.

ART. XIX.

Néanmoins cette même moitié qui vient d'être allouée aux Professeurs, Maîtres & Artistes en tout genre, ne pourra être touchée par eux, sous aucun prétexte ; mais bien par le TRÉSORIER-GÉNÉRAL DE RICHEMOND, qui percevra le tout directement des mains des débiteurs ; ou des Trésoriers particuliers dans les divers districts de leur département ; lesdits Professeurs, Maîtres &

Artiftes ne recevront leur part, que des mains du Tréforier - général, fur lés mandats du Confeil d'adminiftration.

ART. XX.

Les Profeffeurs, Maîtres ou Artiftes qui feraient convaincus d'avoir reçu *directement* le tout ou partie du prix de leur travaux ou entreprifes, perdront en totalité le produit de leur quartier, qui fera confifqué au profit de l'Académie.

ART. XXI.

Quant à la retenue de moitié des produits, fixés par l'art. 18 ci-deffus, le Fondateur-Préfident fe réferve le droit d'y apporter, par les traités particuliers qu'il fera dans le cas de faire avec les Profeffeurs, Maitres ou Artiftes, avant leur départ d'Europe, les modifications qu'il jugera convenables & les plus avantageufes.

ART. XXII.

Il fera formé à Paris un COMITÉ DE CORRESPONDANCE, compofé du Fondateur-Préfident ou de fon Repréfentant, du Secrétaire-perpétuel & Tréforier - général, de l'Adjoint ou Secrétaire & neuf Commiffaires élus parmi les Membres de l'Académie.

ART. XXIII.

Ce Comité fera chargé de l'examen & du

choix des Profeſſeurs , Maîtres & Ar tiſtes : de régler définitivement lès conditions de leurs engagemens reſpeƈtifs ; de fixer le lieu & l'époque de leur départ pour l'Amérique : d'ap prouver ou rejetter les machines , inſtrumens de Phyſique & autres ; les uſtenciles relatifs aux ar ts & aux métiers , qui ſeraient préſentés ; d'en déterminer le juſte prix , ſoit que l'acquiſition s'en faſſe en argent, ſoit que pluſieurs ſoient offerts par quelques uns des Aƈtionnaires pour paiement en tout ou en partie du montant de leurs ſouſcriptions ; de l'achat des livres , modèles .... enfin , de pourvoir à ce que l'emploi de la ſouſcription ſe faſſe de la manière la plus avantageuſe , & la plus conforme au plan propoſé.

Art. XXIII.

L'Académie de Richemond entretiendra avec le Secrétaire général à Paris , une correſpondance pour tous les objets relatifs , tant à l'avantage de ſon inſtitution , qu'aux progrès des Sciences & des Arts ; & ſur le rapport qui en ſera fait par lui , ce Comité pourvoira aux expéditions en tout genre qui lui auront été commiſes par le Conſeil d'Adminiſtration.

ART. XXIV.

Ce Comité aura le droit de viſer & arrêter les comptes de recette & dépenſe du Tréſorier-général à Paris, leſquels feront ſignés du Fondateur-Préſident, ou de ſon Repréſentant, & par l'un des Commiſſaires prépoſés à cet effet.

ART. XXV.

Les Places qui viendront à vaquer dans ce Comité, par décès ou par retraite, feront remplies par ceux des Aſſociés étrangers, réſidens à Paris, que le ſuffrage des Membres y aura appellés à la pluralité des voix.

ART. XXVI.

Les Profeſſeurs, Maîtres & Artiſtes feront engagés, au moins pour l'eſpace de *dix années conſé-cutives*, & pour ſûreté de leur engagement, il ſera retenu à chacun d'eux, par le Tréſorier-général, la première année, *un quart* de ſa portion dans les produits ; la deuxième année, *un cinquième* ; la troiſième année *un ſixième* ; la quatrième, *un ſep-tième* ; la cinquième, *un huitième* ; la ſixième, *un neuvième* ; la ſeptième, *un dixième* ; lequel dixième continuera à leur être retenu chaque année, juſques & compris la dixième & dernière, à l'expiration de laquelle, la totalité de ces retenues leur fera remife, avec une *gratification* pour leur tenir lieu des *intérêts*.

Art. XXVIII.

Si l'un d'entre eux fe portait à une retraite vo-lontaire avant le terme de fon engagement expiré, fans motif légitime & approuvépar le Confeil d'Ad-miniftration; ou fubiffait de fa part une retraite forcée, pour de juftes caufes qui l'auraient mis dans le cas de la prononcer : lors de fa fortie il ferait tenu, d'abord, de reftituer au Fondateur-Préfident les frais de fon paffage, & les avances qui lui auraient été faites, foit avant, foit après fon arrivée en Virginie. En outre, *la totalité* des fommes retenues fur fes Emolumens, jufqu'à ce jour, par le Tréforier-général, demeurera confif-quée au profit de l'Académie.

Art. XXIX.

Les Profeffeurs, Maîtres ou Artiftes Emérites, feront infcrits de droit dans la lifte des Affociés réfidens ou étrangers, fuivant le lieu qu'ils auront choifi pour leur retraite; & les Places d'Acadé-miciens qui viendront à vaquer feront conférées par les fuffrages du Comité général, foit à des Perfon-nages d'un rang & d'un mérite diftingués, foit aux

Auteurs des meilleurs Mémoires ou autres ouvrages intéressans par eux envoyés à l'Académie.

Art. XXX.

Le montant des confiscations prononcées par les articles 20 & 28 des préfens Réglemens, (fi elles avaient jamais lieu) fera mis en réferve, & appliqué en faveur des Profeffeurs, Maîtres ou Artiftes que l'âge ou des infirmités graves & habituelles mettraient hors d'état de continuer leurs travaux, au *paiement* des frais de leur retour en Europe; ou même converti en une *gratification annuelle*, proportionnée à la durée, & à l'importance de leur fervice, laquelle fera fixée par le Confeil d'Adminiftration : il y fera encore fupplée *par la remife des intérêts annuels* qui nous eft généreufement offerte de la part *d'un certain nombre de nos Soufcripteurs*; '& dans le cas ou les fonds qui viennent d'y être affectés feraient infuffifans, le fupplément en fera prélevé fur les bénéfices de l'Académie, & employé dans les comptes en article de dépenfe.

Art. XXXI.

Le Vice-Préfident devant remplacer, en cas d'abfence, ou autre empêchement, le Fondateur-Préfident, il touchera annuellement & avant partage fur le produit net des bénéfices de l'Académie, une fomme de cinq pour cent : le Secrétaire

général de Richemond, trois pour cent; l'Adjoint
au Secrétaire, un pour cent ; le Secrétaire perpétuel résident à Paris, trois pour cent.

XXXII.

Le Trésorier-général de Richemond retiendra
par ses mains, à titré de remise, deux & demi
pour cent sur toutes les sommes qu'il percevra
directement des divers débiteurs de l'Académie,
& demi pour cent seulement, sur celles qui lui
seront versées par les Trésoriers particuliers de
Baltimore, Philadelphie & New-York. La totalité
de ces déductions leur sera passée en dépense dans
leurs comptes.

XXXIII.

Le même traitement de deux & demi pour cent
aura lieu à l'égard du Trésorier-général à Paris,
sur les fonds qui auront été versés à sa caisse. Il lui
sera en outre fixé un droit de commission sur les
divers articles par lui achetés ou vendus pour le
compte de l'Académie.

XXXIV.

La moitié du produit des leçons tant publiques
que particulières, données par les Maîtres & les
Professeurs, des ouvrages entrepris par les Artistes
de l'Académie, le bénéfice sur l'exploitation des

mines, le produit du jardin botanique, des preſſes d'Imprimerie, gravures...... déduction faite des prélévemens portés aux précédens articles, des frais de régie, d'entretien & autres dépenſes courantes, ſeront diviſés en deux parts, dont l'une appartiendra au Fondateur-Préſident, ſeul grévé du rembourſement des capitaux : l'autre formera la ſomme à répartir aux Actionnaires.

X X X V.

.Il y aura, au beſoin , pour chaque partie, un ou pluſieurs *Adjoints* à Profeſſeurs, Maîtres & Artiſtes. Ces Places d'Adjoints ſeront données ſur les lieux au concours ; & à défaut de ſujets capables , par le Comité de correſpondance établi à Paris, ſur la demande qui lui en ſera faire, de la part du Conſeil d'Adminiſtration de Richemond.

A r t. X X X V I.

Il ſera alloué à chacun de ces Adjoints, un traitement annuel de 1500 livres tournois , lequel aura lieu, juſqu'à ce qu'il devienne Titulaire par la retraite de celui qu'il aura été appellé à remplacer. Le montant des émolumens accordés à ces Adjoints ſera pré levé ſur la recette de l'Académie , & porté en dépenſe ſur le compte du Tréſorier-général de Richemond.

Art. XXXVII.

Dans l'Assemblée générale qui se tiendra au mois de Janvier chaque année, le montant du *dividende* sera fixé sur la représentation des états de recette & de dépense, préalablement visés & arrêtés par le Conseil d'Administration, conformément aux dispositions de l'article 15 ci-dessus.

Art. XXXVIII.

Tous les ans l'Académie ouvrira deux Séances publiques, l'une le 24 Juin, jour de l'anniversaire de son installation solemnelle. Les ouvrages des Elèves qui en auraient été jugé dignes, seront exposés dans la Salle. Plusieurs soutiendront des exercices sur les diverses parties des Sciences & des Arts qui leur auront été enseignés. L'autre séance, dans le courant de Décembre, lors de la tenue des Etats de Virginie à Richemond, assemblée à laquelle ils seront invités. Le Secrétaire y rendra compte des travaux entrepris pendant le cours de l'année; on y fera lecture de Mémoires intéressans (1).

---

(1) Dans la suite elle distribuera à la Séance du mois de Juin les prix qui pourront être fondés.

Art. XXXIX.

A r t. XXXIX.

Arrivant le décès du Fondateur-Préfident, *nul* ne pourra lui fuccéder à titre particulier ou univerfel dans la propriété du fonds de l'Académie, qu'à la charge, non-feulement de fatisfaire à tous les engagemens qui refteraient à acquitter au profit des Aĉionnaires, ou autres Intéreflés ; mais encore de fe conformer aux Statuts & Réglemens faits & à faire, & de l'entier accompliffement de toutes les conventiOns qui auraient été par lui foufcrites avec les divers Membres, chacun en particulier.

A r t. XL.

Dans chaque claffe une enceinte fera deftinée, 1°. à ceux de MM. les Affociés-Réfidens, auxquels il plaira de venir vifiter les Écoles : 2°. aux Amateurs que le goût des Arts & des Sciences portera à acquérir des connaiffances nouvelles, ou à perfeĉionner celles précédemment acquifes. Leur Abonnement fera ou particulier, pour un, ou plufieurs Cours d'enfeignement ; ou général. Nul d'entre eux ne pourra être introduit, fans un billet d'entrée, fur lequel fon nom fera infcrit, & il ne fervira qu'à lui feul.

E

CONSEILLERS
DU COMITÉ
DE CORRESPONDANCE.

Etabli á Paris, conformément à l'article XXII des Statuts & Réglemens.

LE FONDATEUR-PRÉSIDENT OU SON REPRÉSENTANT.

M. *Le Marquis de la* BILLARDRIE, Intendant du Jardin & des Cabinets du Roi, *aux Thuileries.*

M. *Le Comte de la* CEPEDE, Garde & Démonstrateur des Cabinets d'Histoire Naturelle ; des Académies & Sociétés Royales de Dijon, Lyon, Bordeaux, Rome, Stockolm, &c. &c. *au Jardin du Roi.*

M. *Le* ROI, de l'Académie Royale des Sciences, & de la Société Philosophique de Philadelphie, Garde du Cabinet du Roi, *aux Galleries Louvre.*

M. *De la* LANDE, de l'Académie Royale des Sciences, de la Société Royale de Londres, &c. *au College Royal.*

M. TENON, de l'Académie Royale de Chirurgie, de l'Académie Royale des Sciences, *rue du Jardinet.*

E 2

M. *De* FOURCROY, Docteur-Régent de la Faculté de Médecine de Paris, de l'Académie Royale des Sciences, des Sociétés Royales de Médecine & d'Agriculture, &c. *rue des Blancs-Manteaux.*

M. THOUIN, de l'Académie Royale des Sciences, & de la Société Royale d'Agriculture, *au Jardin du Roi.*

M. SAIFFERT, premier Médecin de leurs A S. Monseigneur le Duc & Madame la Duchesse d'Orléans, Membre de plusieurs Académies, *rue de Richelieu.*

M. PIERRE, Chevalier de l'Ordre du Roi, premier Peintre de Sa Majesté, de l'Académie Royale de Peinture & de Sculpture, *au Louvre.*

M. CAILLEAU, Bibliothecaire du Musée de Paris, Associé aux Musées de Toulouse & de Bordeaux, du Cercle des Philadephes, au Cap-Français, Imprimeur de l'Académie, *rue Gallande. Secrétaire-Perpétuel & Trésorier général pour l'Europe.*

M. BASSUEL DU VIGNOIS, Avocat au Parlement, Conseiller du Roi, Expéditionnaire de Cour de Rome & des Légations, *rue des Grands-Augustins,* No. 30.

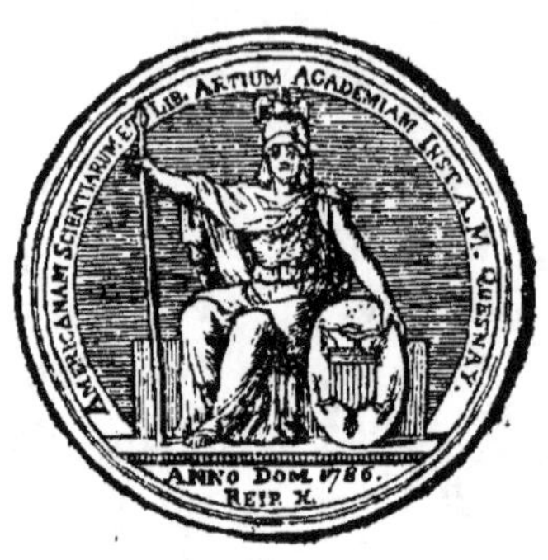

PROSPECTUS

DE SOUSCRIPTION.

ARTICLE PREMIER.

LA SOUSCRIPTION sera composée *de quatre cens Actions* du prix de *douze cens liv. tournois* chacune. Elles pourront être divisées au gré des Souscripteurs, en demi-actions, de *six cens livres*, & en quarts d'actions, *de trois cens livres*. Chaque coupon portera le *Numero* de l'action dont il fera partie.

ART. II.

Trois cent cinquante de ces Actions seront réalisées, tant en Amérique, qu'en Angleterre, en Hollande, en France, en Allemagne, en Pologne...

E 3

Les cinquante autres appartiendront, fans mife de fonds, au Fondateur-Préfident, pour en difpofer à fa volonté (1).

A r t. I I I.

Les Actions ou Coupons feront munis du fceau de l'Académie, fignés du Fondateur-Préfident, feul perfonnellement obligé envers les Actionnaires ; & *vifés* par le Tréforier général à Paris. Sur la delivrance qu'il en fera à chacun des Intéreffés, ils en verferont le montant entre fes mains.

A r t. I V.

Pour la commodité des Actionnaires Français & autres, il fera établi des Correfpondans dans différentes. Villes principales du Royaume & de l'Etranger ; ces Correfpondans chargés de pouvoirs, revêtus des mêmes fignatures, feront autorifés à leur délivrer des Reconnaiffances provifoires pour la valeur des actions ou coupons dont ils toucheront le montant, & fur le verfement que ces Correfpondans en feront à la caiffe générale à Paris, il leur fera délivré la quantité d'actions ou de coupons néceffaire, pour en faire la répartition à chacun des Intéreffés.

----

(1) Le produit de ces cinquante actions fera employé, en grande partie, au remboursement des premiers Soufcripteurs Américains en 1786.

(71)
Art. V.

Le produit des Actions sera employé, sous l'inspection des Commiffaires prépofés à cet effet, à l'acquifition d'objets d'une abfolue néceffité, qui manquent pour la plupart en Amérique , comme uftenciles relatifs aux Arts & aux métiers , livres , modèles , machines , preffes pour l'Imprimerie en caractère & en taille-douce , inftrumens d'Aftronomie , de Chymie , de Phyfique expérimentale... Plus , aux avances à faire aux Profeffeurs , Maîtres & Artiftes , tant avant leur départ , qu'après leur arrivée en Virginie , aux frais de tranfports , d'affurance , &c.

Art. VI.

Ceux des articles ci-deffus qui pourraient être fournis par quelques Soufcripteurs , feront pris pour comptant , après avoir été agréés des Commiffaires , & fur la jufte eftimation de leur valeur , conformément à l'article 23 des Statuts & Réglemens.

Art. VII.

Tous les ans au mois de Janvier , fur la repréfentation des Etats de recette & dépenfe , préalablement vifés par le Confeil d'Adminiftration de l'Académie , le montant *du dividende* , à repartir

E 4

aux Actionnaires , fera déterminé dans une Assemblée générale tenue à Richemond , & convoquée à cet effet. La première répartition s'en fera dans les six premiers mois de l'année *mil sept cent quatre-vingt-onze*; & les autres, à la même époque, les années suivantes.

ART. VIII.

Après l'expiration des *septième, dixième, treizieme & quinzième* années, outre sa part dans le dividende, l'Actionnaire touchera le *Remboursement de son Capital* , en quatre paiemens égaux , chacun de *trois cens livres*.

ART. IX

Quoique *remboursés* en partie dès la première époque, les Actionnaires resteront intéressés pour la *Totalité* & retireront annuellement , pour chaque Action, leur Quatre-centième dans la part des bénéfices qui leur est réservée, & les accessoires ci-après mentionnés , jusques & compris la *quinzième* année.

ART. X.

En touchant le dernier terme de paiement, le Porteur remettra l'Action au Trésorier, pour décharge. Les Coupons , soit d'intérêts annuels & accessoires , soit même de remboursement du capital, qui n'auraient point été présentés , au plutard, dans le cours des *cinq années* poſtérieures à celle ci-deſſus fixée pour époque de l'entier rembourſement, demeureront, ainſi que l'*Aſtion elle-même*, Nuls & ſans valeur.

A R T. X I.

La portion du dividende, applicable aux aſtions non-vendues, & à celles, qui, du conſentement de l'Aſtionnaire, auraient été rembourſées avant l'échéance, appartiendra au Fondateur-Préſident & accroîtra à ſon bénéfice annuel.

A R T. X I I.

Les Aſtionnaires réſidens en Amérique, recevront à volonté, lors des échéances, le montant de leurs coupons d'intérêts & de rembourſement, ſoit à la caiſſe du Tréſorier-général à Richemond ; ſoit par les mains des Tréſoriers-particuliers, dans les divers Etats : les Aſtionnaires Européens, à la caiſſe du Tréſorier-général à Paris, ou par l'entremiſe des Correſpondans établis dans les diverſes contrées de l'Europe.

A R T. X I I I.

Indépendamment de l'affeſtation ſpéciale des effets qui appartiennent ou appartiendront à l'Académie, de l'hypothèque générale ſur tous les fonds en dépendans, ſur les bâtimens déjà conſtruits ou qui pourraient l'être dans la ſuite ; le

Fondateur-Préfident, pour garantie du rembourbourfement aux époques ci-deffus fixées, s'en-
gage à laiffer *chaque année* en dépôt dans la caiffe
du Tréforier général de l'Académie, à Richemond,
le *Quart* de la fomme qui lui reviendra pour fa part
dans les bénéfices à partager avec les Actionnaires.

A r t. X I V.

Outre fa part dans le dividende annuel, le Porteur d'une action recevra *gratuitement* un exemplaire de l'Almanach de l'Académie, contenant
les noms des Académiciens, des Soufcripteurs,
des Elèves, le Catalogue du Jardin Botanique,
l'annonce des travaux entrepris.....

Plus, un volume d'Obfervations & Mémoires
de l'Académie, & une épreuve choifie de toutes les
gravures nouvelles, comme Eftampes, Cartes de
Géographie, Mufique..... qui feront forties des preffes de l'Académie, pendant le cours de l'année.

A r t. X V et d e r n i e r.

Les livraifons gratuites portées au précédent
article, ne feront accordées qu'aux Propriétaires
d'une *Action entiere*. Les Porteurs de coupons n'auront droit qu'à leur part proportionnelle dans la
répartition du dividende annuel, & dans les rembourfemens du capital, aux époques qui ont été
fixées.

MODELE D'ACTION

A laquelle feront joints des Coupons d'intérêts annuels, & acceffoires ; & quatre Coupons de rembourfemens de trois cens livres chacun.

N°. ( )   ACADÉMIE

DES ÉTATS-UNIS DE L'AMÉRIQUE,

Etablie à Richemond, Capitale de la Virginie.

ACTION de douze cens livres tournois.

LE PORTEUR de la préfente ACTION, conformément aux conditions du PROSPECTUS imprimé, dont il lui a été remis un exemplaire, & fous les hypothèques & affeclations y énoncées, rembourfable en quatre paiemens égaux, est intéreffé pour un QUATRE-CENTIEME dans le DIVIDENDE à répartir annuellement aux ACTIONNAIRES, payables, foit à la caiffe du Tréforier Général, à Paris; foit par les mains des divers Correfpondans qui feront prépofés à cet effet dans plufieurs Villes de l'Europe : en Amérique, à la caiffe du Tréforier-Général

à *Richemond*, & *des Tréforiers-Particuliers Améç-
cains ; & aura droit aux livraifons* GRATUITES &
ACCESSOIRES. *A Paris, ce premier Juillet* 1788.

Fondateur-Préfid_ent.

Pour VISA.

Tréforier-Général à Paris.

ON SOUSCRIT également chez M. le Chevalier
Quefnay de Beaurepaire, *Grand-Hôtel de Touloufe,*
rue du Jardinet.

Et chez M. Baffuel du Vignois, Avocat au
Parlement, Confeiller du Roi, Expéditionaire de
Cour de Rome & des Légations, Secrétaire-Per-
pétuel pour la Correfpondance, & Tréforier-
Général, *rue des Grands-Auguftins,* N°. 30, à
Paris.

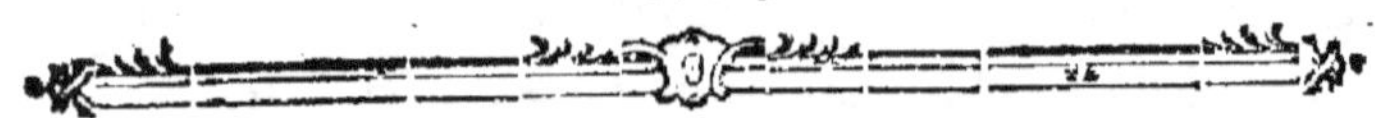

ACADÉMIE

DES SCIENCES ET BEAUX-ARTS

DES ÉTATS-UNIS DE L'AMÉRIQUE,

ÉTABLIE A RICHEMOND EN VIRGINIE.

ASSOCIÉS ÉTRANGERS.

MESSIEURS,

WILLIAM AITON, Intendant des Jardins Botaniques du Roi d'Angleterre, *à Kew.*

Le Comte d'ANGIVILLER, Conseiller du Roi en ses Conseils, Meſtre de Camp de Cavalerie, Chevalier de l'Ordre Royal & Militaire de Saint-Louis, Commandeur de l'Ordre de Saint-Lazare, Directeur & Ordonnateur-général des Bâtimens du Roi, Arts, Académies & Manufactures Royales, de l'Académie Royale des Sciences, *à Paris.*

D'ARNAUD, Conseiller de Légation de la Cour de Saxe, Secrétaire de Monseigneur le Comte d'Artois, de l'Académie Royale des Sciences & Belles-Lettres de Pruſſe ; des Académies de Rouen, de Caen de la Société de Hesse Cassel, *à Paris.*

D'AUBENTON, Docteur en Médecine, Lecteur & Professeur Royal d'Histoire-Naturelle, Garde & Démonstrateur du Cabinet d'Histoire - Naturelle au Jardin du Roi, de l'Académie Royale des Sciences, de la Société Royale de Médecine de Paris, des Académies de Londres, de Pétersbourg & de Berlin, *à Paris*

B

MESSIEURS.

BACHELIER, Directeur Perpétuel de l'Académie de Peinture, Sculpture & Architecture civile & navale de Marseille. A l'Ecole Royale de Dessin, *à Paris.*

BAILLY, Garde honoraire des Tableaux du Roi, de l'Académie Française, de l'Académie Royale des Sciences, de celle des Inscriptions & Belles-Lettres de Paris, de l'Institut de Bologne, des Académies de Stokolm, de Harlem, de Padoue, & de la Société des Antiques, aux Galeries du Louvre, *à Paris.*

Edouard BANCROFT, Docteur en Médécine, de

la Société Royale de Londres, de la Société Philosophique de Philadelphie , *à Londres.*

L'Abbé de BEVI , Historiographe de France, Membre de l'Académie Impériale & Royale des Sciences de Bruxelles, *à Paris.*

BASSUEL DU VIGNOIS, Avocat au Parlement;
Conseiller du Roi , Expéditionnaire de Cour de
Rome & des Légations , Secrétaire perpétuel, &
Trésorier-général de l'Académie , *à Paris.*

Le Marquis de la BILLARDRIE , Maréchal
des Camps & Armées du Roi, Chevalier de l'Ordre Royal & Militaire de Saint- Louis , Intendant
des Jardins & du Cabinet du Roi , *à Paris.*

BERTHOLET, Docteur en Médecine de la
Faculté de Paris , de l'Académie Royale des
Sciences, *à Paris.*

De la BOUTRAYE , Conseiller du Roi, Tré-
sorier-Payeur des rentes, *à Paris.*

BROUSSONET , Docteur en Médecine, Associé
ordinaire de la Société Royale de Londres, de
celles de Montpellier, d'Edimbourg , de Gottingen , de la Société économique de Leipsick , Secrétaire perpétuel de la Société d'agriculture, &
Professeur-Adjoint d'économie-rurale à l'Ecole-
Royale Vétérinaire, *à Paris.*

Georges BUCHANAN , Docteur en Médecine,

Préfident de la Société Phyfique d'Edimbourg, à *Baltimore en Mariland.*

. . . .
. . . .
. . . .
. . . .

C

MESSIEURS,

CAILLEAU, Bibliothécaire du Mufée de Paris, Affocié aux Mufées de Touloufe & de Bordeaux, du Cercle des Philadelphes, au Cap Français, & Imprimeur de l'Académie, *à Paris.*

CARON DE BEAUMARCHAIS, Secrétaire du Roi, Lieutenant-Général des chaffes de la Varenne du Louvre, *à Paris,*

O CASSIDI, *en Irlande.*

Le Comte de la CEPEDE, Garde & Démonftrateur des Cabinets du Roi pour l'hiftoire naturelle, des Académies & Sociétés Royales de Dijon, Lyon, Bordeaux, Touloufe, Metz, Rome, Stokolm, Heffe-Hombourg, Heffe-Caffel, Munich, &c. &c. *au Jardin du Roi.*

Le Marquis du CHASTELER & *de* COURCELLES, Chambellan, Confeiller d'Etat d'épée de l'Empereur, Lieutenant de la Compagnie des Gardes du Corps de Sa Majefté aux Pays-Bas, Directeur

de

(81)

de l'Académie Impériale & Royale des Sciences &
Belles-Lettres de Bruxelles, à *Bruxelles*.

De CLERMONT-TONNERRE, Evêque de Châ-
lons-fur-Marne, Comte & Pair de France.

Le Marquis de CONDORCET, de l'Académie-
Françaife, Secrétaire Perpétuel de l'Académie
Royale des Sciences; des Académies de Turin de
Bologne, de Philadelphie, de Petersbourg &
de Padoue, *hôtel des Monnoies*, à *Paris*.

COUSIN, Lecteur royal en Phyfique au Collège-
Royal, de l'Académie Royale des Sciences, à *Paris*.

Adair CRAUFFORD, Docteur en Médecine de
la Société Royale de Londres, de la Société Philo-
fophique de Bruxelles, *à Londres*.

CRUMPIPEN, Chancelier du Brabant, Confeiller d'Etat de l'Empereur, Chevalier de l'Ordre-
Royal de Saint-Étienne, Préfident de l'Académie
Impériale & Royale des Sciences & Belles-Lettres
de Bruxelles, *à Bruxelles*.

· · · ·

· · · ·

D

MESSIEURS.

DACIER, Secrétaire Perpétuel de l'Académie
Royale des Belles Lettres, *à Paris*.

F

L'Abbé DESAUNAIS, Garde de la Bibliothèque du Roi, de l'Académie de Hesse-Caffel, Cenfeur-Royal, *à la Bibliothèque.*

DUPUIS, Architecte, ancien Profeffeur de Deffin des Pages du Roi, & de Monfieur, *à Strasbourg.*

Le Maréchal Duc de DURAS, Pair de France, Chevalier des ordres du Roi, & de la Toifon-d'Or, Premier Gentilhomme de la Chambre, de l'Académie Françaife, *à Paris.*

DUVIVIER, Graveur général des Monnoies, de l'Académie Royale de Peinture & de Sculpture, *aux Galeries du Louvre.*

E

MESSIEURS.

F

MESSIEURS.

Le Marquis de la FAYETTE, Maréchal des Camps & Armées du Roi, Major-Général au fervice des États-Unis de l'Amérique, *à Paris.*

FEROUX, Docteur en Sorbonne, *à Fontaine-Jean.*

L'Abbé de FONTENAI, *à Paris.*

De FOURCROY, Docteur en Médecine de la Faculté de Paris, de l'Académie Royale des Scien-

ces, de la Société Royale de Médecine, de celle
d'Agriculture, Professeur de Chymie au Jardin du
Roi, *à Paris.*

. . . .

. . . .

. . . . .

G

MESSIEURS.

Le GENDRE, Président du Musée, *à Paris.*

GRISART, Avocat en Parlement, *à Paris.*

. . . . .

. . . . .

H

MESSIEURS,

HOUDON, de l'Académie Royale de Peinture
& de Sculpture, de l'Académie de Toulouse, *à
Paris.*

. . . .

. . . .

. . . .

I

MESSIEURS,

IMBERT, *à Paris.*

JEFFERSON, Ministre Plénipotentiaire des États-
Unis de l'Amérique septentrionale, *à Paris.*

Josua JOHNSON, *à Londres.*

De JUSSIEU, Docteur-Régent de la Faculté de
Médecine, Démonstrateur de Botanique au Jardin

du Roi, de l'Académie Royale des Sciences, à *Paris*.

. . . .

. . . .

L
MESSIEURS.

De la LANDE, Lecteur Royal en Mathématiques, Censeur Royal, de l'Académie-Royale des Sciences, de la Société Royale de Londres, de l'Académie des Sciences & Belles-Lettres de Prusse, de l'Académie Impériale de Pétersbourg, de l'Institut de Bologne, de l'Académie des Sciences de Suede, de la Société Royale de Gottingen, des Académies de Rome, de Florence, de Cortone, de Mantoue, de Harlem, de l'Académie des Arts établie en Angleterre, & de l'Académie Royale de Marine.

De LAMOIGNON DE MALSHERBES, Ministre d'État, de l'Académie Française, de l'Académie Royale des Sciences & de celle des Belles Lettres, à *Paris*.

De LAVOISIER, de l'Académie Royale des Sciences, de l'Institut de Bologne, de la Société Helvétique de Basle, de la Société Royale de Médecine, à *l'Arsenal*.

LAURENS DE VILLEDEUIL, Ministre & Secrétaire d'État au département de la Maison du Roi, *en Cour*.

LEROY, de l'Académie Royale des Sciences, de l'Académie Royale de Marine de Brest, de la Société Royale de Londres, de la Société Philosophique de Philadelphie, Garde du Cabinet du Roi, *aux Galeries du Louvre.*

LEROY, de l'Académie Royale des Belles-Lettres, Historiographe de l'Académie Royale d'Architecture, & de l'Institut de Bologne, *au vieux Louvre.*

De LESSART, Maître des Requêtes, *à Paris.*

James LIMS, Docteur en Médecine, Président de la Société Royale de Médecine à Londres, Membre de la Société des Antiquaires de la même Ville, *à Londres.*

Lewis LITLE-PAGE, Chambellan du Roi de Pologne, *à Varsovie.*

John Coakley LITTESOM, Docteur en Médecine, Membre du Collége Royal de Physique, de a Société Royale des Antiquaires, & de Médecine, *à Londres.*

LOUIS, Associé honoraire du Collége Royal de Médecine de Nancy, de la Société Royale des Sciences de Montpellier, Aggrégé honoraire de Dijon, des Académies, de Lyon, Rouen, Metz, Gottingen, Bologne, Harlem, Padoue & Florence, Docteur en Chirugie de Haile Magdebourg,

Profeſſeur & Cenſeur-royal, Chirurgien conſul-
tant des Armées du Roi, Inſpecteur des Hôpitaux
Militaires du royaume, Docteur en Droit de la
Faculté de Paris, & Avocat en Parlement, *aux
Ecoles de Chirurgie, à Paris.*

Louis, Directeur des bâtimens, & premier
Architecte de S. A. S. Monſeigneur le Duc d'Orléans, *à Paris.*

Le Comte de la Luzerne, Miniſtre & Secrétaire d'Etat au département de la Marine, de l'Académie Royale des Sciences, *en Cour.*

Le Marquis de la Luzerne, Ambaſſadeur du
Roi près la Grande-Bretagne, *à Londres.*

. . . . .

. . . . .

. . . . .

M.

Messieurs,

L'Abbé Maan. Chanoine de Courtrai, Membre & Secrétaire-perpétuel de l'Académie Impériale & Royale des Sciences & Belles-Lettres de
Bruxelles, de la Société Royale de Londres, de
l'Académie Electorale de Manheim, &c. &c....
à Bruxelles.

Le Comte de Maillebois, Lieutenant-Général
des Armées du Roi, Chevalier des Ordres de S. M.
de l'Académie Royale des Sciences, *à Paris.*

Le Vicomte de MAULDE, Maréchal des Camps & Armées du Roi, Chevalier de l'Ordre Royal & Militaire de Saint-Louis, Commandeur de l'Ordre de Saint-Lazare, *à Paris.*

Le MONNIER *jeune*, premier Médecin ordinaire du Roi, Docteur-Régent de la Faculté de Paris, de l'Académie-Royale des Sciences de Paris, de celle de Berlin, de la Société Royale de Londres, *en Cour.*

MONTUCLA, premier Commis des bâtimens du Roi, de l'Académie Royale des Sciences & Belles Lettres de Pruſſe, Cenſeur Royal, *en Cour.*

MORANDE, *à Londres.*

Le Marquis de MONTALAMBERT, Maréchal des Camps & Armées du Roi, Lieutenant Général des Provinces de Saintonge & Angoumois, &c. de l'Académie Royale des Sciences de Paris, de la Société Impériale de Pétersbourg, *à Paris.*

Le Comte de MONTMORIN, Miniſtre & Secrétaire d'Etat au Département des Affaires étrangères, *en Cour.*

Le Baron de MULINEN DE LAUPEN, *à Berne en Suiſſe.*

N

MESSIEURS.

. . . .
. . , .

O

MESSIEURS.

. . . .
. . . .

P

MESSIEURS.

Thomas PAINE , Membre de la Société Philo-
fophique de Philadelphie, *à Philadelphie.*

John PARADISE , de la Société Royale de Londres , *à Londres.*

PERRONNET, Chevalier de l'Ordre du Roi,
Architecte de Sa Majesté , premier Ingénieur des
ponts & chauffées de France, Directeur du Bureau
des Plans, & des Elèves de ce département, *à Paris.*

PICTET , Citoyen de Genève , *à Londres.*

PIERRE , Chevalier de l'Ordre du Roi , Directeur de l'Académie Royale de Peinture & de Sculpture , Premier Peintre du Roi , Directeur de la
Manufacture Royale des Gobelins & de la Savo-
nerie , Directeur honoraire de l'Académie de Marfeille , Honoraire-Amateur de l'Académie Royale
d'Architecture , Honoraire-Affocié libre de l'Aca-

(89)

mie Impériale de Saint-Petersbourg , de l'Académie Impériale & Royale de Vienne , & de celle de
Heſſe-Caſſel , *au Louvre.*

Richard PRICE , Docteur en Médecine , Membre de la Société Royale de Londres , de la Société
philoſophique de Philadelphie , de l'Académie des
Sciences & des Arts de Boſton , *à Londres.*

Q

MESSIEURS,

R

MESSIEURS,

RENOU , Peintre de feu S. M. le Roi de Pologne
Duc de Lorraine , Membre & Secrétaire-Adjoint
de l'Académie Royale de Peinture & de Sculpture
de Paris, de l'Académie de Rouen , de la Société
Patriotique de Heſſe-Hombourg , *Cour du Louvre.*

ROBERT DE HESSELN , Cenſeur royal , ancien
Inſpecteur des Elèves de l'Ecole Royale Militair e
& Géographe de la ville de Paris , *à Paris.*

Le Duc de la Rochefoucault , Pair de France,
de l'Académie Royale des Sciences de Paris , de
l'Académie de Suède , Aſſocié-libre de la Société

Royale de Médecine , de la Société des Sciences
& Arts de Metz , *à Paris.*

L'Abbé ROCHON , Penfionnaire Méchanicien de
l'Académie Royale des Sciences de Paris , de l'A-
cadémie Royale de Marine , Garde du Cabinet de
Phyfique du Roi , *à Paris.*

L'Abbé ROYOU , Profeffeur de l'Univerfité de
Paris , *à Paris.*

Samuel RUTHLEGE , *à Charlefton Caroline du Sud.*

. . . . .

. . . . .

o . . . .

. . . .

S

MESSIEURS,

SAGE , Membre de l'Académie des Sciences de
Paris , des Académies de Stokolm , de Madrid , de
l'Académie Impériale & Electorale de Mayence ,
Profeffeur royal de Minéralogie , Cenfeur royal ,
Hôtel des Monnoies à Paris.

SAIFFERT , Docteur en Médecine , premier
Médecin de S. A. S. Monfeigneur le Duc d'Orléans , & Membre de plufieurs Sociétés favantes &
littéraires , *à Paris.*

De la SALLE , *à Paris.*

Thomas SHIPPEN , *à Philadelphie.*

Samuel Foart SIMMONS, Docteur en Médecine, Membre de la Société Royale de Londres, de celle de Madrid, Membre Correspondant de l'Académie de Montpellier, Associé de la Société Royale de Médecine, *à Paris.*

SOULÈS, Historiographe de l'Amérique, *à Paris.*

Le Baron de STAEL DETTOLSTEIN, Ambassadeur Extraordinaire du Roi de Suède, *à Paris.*

. . . .
. . . .

T

MESSIEURS,

TENON, de l'Académie Royale de Chirurgie, Professeur & Démonstrateur Royal au Collège de Chirurgie, de l'Académie Royale des Sciences de Paris, *à Paris.*

THOUIN, Jardinier en chef du Jardin du Roi, de l'Académie Royale des Sciences de Paris, de la Société Royale d'Agriculture, *au Jardin du Roi, à Paris.*

TILLET, Chevalier de l'Ordre du Roi, Commissaire du Roi pour les essais & affinages du Royaume, de l'Académie Royale des Sciences de Paris, *Hôtel des Monnoies, à Paris.*

John TROMBUL, *à Newhaven, état de Connecticut.*

. . . .
. . . .
. . . .
. . . .

V

Messieurs,

Vandermonde, de l'Académie Royale des Sciences, *à Paris.*

Vernet, de l'Académie Royale de Peinture & de Sculpture de Paris, *au Louvre.*

Vic d'Azir, Docteur-Régent de la Faculté de Médecine de Paris, Médecin consultant de Monseigneur le Comte d'Artois, de l'Académie Française, de l'Académie Royale des Sciences de Paris, Secrétaire perpétuel de la Société Royale de Médecine, Professeur d'Anatomie comparée à l'Ecole Royale Vétérinaire, de la Société d'Agriculture, & Commissaire-général des Epidémies du royaume, *à Paris.*

. . . . .
. . . .

W

Messieurs,

Robert Walker, Docteur en Médecine, *à Petersbourg en Virginie.*

Benjamin West, premier Peintre de Sa Majesté Britanique, *à Londres.*

Andrew WIENSENTAL, Docteur en Médecine ,
à *Baltimore*.

.   ,   .   .
.   .   .
.   .   .
.   .   .

(*Nota*.) LA LISTE de MM. les Associés étrangers
fixés à *cent soixante-quinze*, est nécessairement in-
complète. L'Auteur en envisageant le concours brillant de Talens distingués, qu'offre cette Capitale,
regrette de n'avoir pu associer à l'Académie un
plus grand nombre de Savans & Artistes recommandables ; mais il a dû réserver des Places pour
ceux d'entre les Nationaux & Etrangers qui, après
la publication du Mémoire, se proposeront de join-
dre *leurs signatures* à celles des Membres ci-dessus
Inscrits, & qui manifesteront leur vœu à cet égard
au *Secrétaire perpétuel* du Comité de Correspondance établi à Paris. La Nomination aux Places
vacantes en Europe, est en partie confiée à ce
Comité, qui fera expédier les Lettres d'Association.

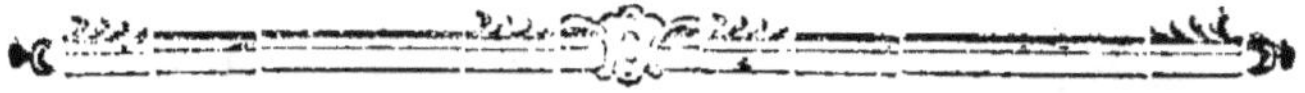

NOTES

Cet historique, rempli de noms inconnus pour la plupart en Europe, semblera d'abord peu intéressant, peut-être. Indépendamment néanmoins de ce qu'il existe des relations étroites entre les habitans de ces deux continens; des motifs de justice & de reconnaissance obligent l'Auteur à rendre un témoignage public au caractère hospitalier des Américains, & à donner des preuves de l'accueil que les Etrangers reçoivent dans les Etats-Unis.

EN VIRGINIE,

Dans le Comté de Glocester.

LES événemens de la guerre, les supercheries de quelques avanturiers, la perte de ses Lettres de recommandation ayant ôté à l'Auteur ses plus précieuses ressources, en l'année 1778, il se décida à quitter le service.

Sir *John Peython*, habitant de ce Comté, touché de sa mauvaise fortune, l'attira chez lui avec bonté, le contraignit obligeamment d'y résider & d'y attendre des secours de sa Patrie pendant près de deux ans, lui donnant à toute heure, des marques de la plus tendre amitié, le traitant comme l'enfant de la maison.

Pendant tout le tems de son séjour dans ce Comté, la maison de ce brave homme, ainsi que celles de toute sa famille, lui ont paru être le refuge des Étrangers opprimés & malheureux : MM. ses gendres, Tracher-Washington, Trogmorton, John Dixon, Tabb & Bolling: feu le Colonel Samuel WASHINGTON, frère du GÉNÉRAL) John Page de *Rofwel* (1), Wiring, Perin, le Rev. M. Fontaine, MM. Willis, Hubard, Nutal, d'un commun accord, en ont agi envers l'Auteur, avec cette délicatesse qui, sachant respecter l'infortune, ajoute un prix inestimable aux bienfaits.

A R I C H E M O N D, Capitale.

John Harvie, Ecuyer, Maire de la Ville, Di-

---

(1) M. Page, Lieutenant-Gouverneur en 1778, a été le premier qui ait donné à l'Auteur l'idée de son Projet d'Académie ; il l'a engagé, dès ce moment même, à écrire en Europe, pour se procurer des Professeurs, avec promesse de lui faire obtenir les appointemens & le titre de Président.

recteur de la Vente des Terres de l'Etat, est le premier qui ait adopté le projet de cet établissement; il l'a toujours protégé depuis avec fermeté.

L'Auteur a reçu, de cet homme respectable & de toute sa famille, des marques d'amitié qui ont gravé dans son cœur les sentimens de la plus vive reconnaissance.

Le Colonel Thomas Randolph de Tachao, le premier qui ait souscrit, a fait d'autres avances considérables en faveur de cet Etablissement.

Son Excellence Edmund Randolph, Gouverneur de l'Etat; Patrick Henri, ancien Gouverneur; feu le Colonel Cary, Orateur du Sénat; le Colonel Mathiews & le Docteur Mc. Lurg, Conseillers d'Etat; M. Ambler, Trésorier-Général; le Colonel Goode, le Docteur Fufchee, MM. Penock, Michel, Galt, Buchanan, Boyd, Marshal, *Magistrats*. Les familles de Mc Keans, Barret, Lewis, Tailor, Seems, Nelson, Helton, Hayes, Waringthon, Mayo, Vandevall, Mc Kraw, Dixon, Deane, Prior, Nicolson, Carter, Watkins, Ker, Banks, Southgates, Lot & Higbée; le Rév. M. Buchanan, le Docteur Turpin, MM. Groves, Younghousband, Adam, Griffin & une infinité d'autres de toute condition,

condition, tant à la ville qu'à la campagne, ont, les droits les plus étendus à la reconnaissance de l'Auteur.

Tributaire des mêmes sentimens envers un grand nombre de personnes répandues dans les autres Etats de l'Amérique ; qu'il lui soit permis de citer entre autres.

A NORFOLK.

Le Colonel Parker, Chef du Bureau de la Marine.

A PETERSBOURG.

Madame Boling, ses deux fils, le Docteur Shore, son gendre, *Maire de la Ville* ; les Colonels Banisters & Davis le Docteur Walker, MM. Gordon, le Col. Jones, le Major Gibons, &c.

A WILLAMSBOURG.

Le Rév. M. Madison, Président de l'Université. MM. John & Thomas Carter ; le Général Gibson.

A FREDERISBOURG.

M. Coulghan.

A ALEXANDRIE.

Le Colonel Seems, le Général Roberdeau, M. Hunt, &c.

G

En Mariland.

A BALTIMORE.

.M Martin, Avocat-Général; M, le Docteur Buchanan (*fils du feu Général de ce nom*; M. Krocket, MM Vanbibet, Willamson, Provayance Graves, le Colonel Brent, M. Hemsley, le Docteur Courter, &c.

Dans la Penfilvanie·

A PHILADELPHIE.

Les Gouverneurs Reed, More & Dikinfon, ont fucceffivement, honoré l'Auteur de leur amité, ainfi que Madame Beache, fille du célèbre *Docteur Franklin*

Enfin, la plupart des premières familles de cette Capitale, telles, que les Willing, Shippen, Allen, R. Moris, Laurence, Francis, Bingham, Benizet Meade, Riché, Clarkfon, Bond, Roffe, Paine, White, Wakof, Cambhel, Hamblton, Marshal, Rithinhoufe, Matlach, Footman, Mc Clanighan, Abecrumby, Keppley, Penrofe, Paulard, Mc Kean Plumftead, Dugen, Peale, Humphry, Bailly, Condy, Hoole, Dofield, Bier, Dunkan, Brodeau, Lewis, Roberfon, Delany, Penrofe, le Docteur Jones; les Géneraux Wayne, Wilkinfon, Stuard, & notamment les amis déclarés *des Etrangers* M. le Docteur Phile, *Chef du Bureau de la Marine*, & M. Randolph *Négociant*

Dans la Nouvelle-Jersey.

A TRENTON,

M. Coxe, Lieutenant-Gouverneur,

A ÉLISABETH-TON.

Les Familles Dehart, Barnet, d'Antroche Willamson, &c.

A NEW-ARK.

Le Colonel Ogden & toute sa famille; MM. Burnet, Kenney; M. Mathias Heggins; (jeune homme estimable), qui a eu la complaisance d'accompagner l'Auteur pendant deux années, en qualité de Secrétaire & d'ami.

A LA NOUVELLE-YORK.

Le Gouverneur Clinton; M. Duane, *Maire de la Ville*; le Général Baron de Stuben, (*le premier de cet Etat qui ait adopté le projet*); le Général Courtland; le Colonel Bland, *Chef du Bureau de la Marine*; M. le Docteur Cochran; les familles de

Levinston , Offman , Hallet , Pintard , Seaton , White, Cap. MM. Niven, Ladlow, Ogden, Vandike, Vool: Israel , &c.

Du nombre des illustres Personnages Français qui , durant la dernière guerre , se sont couverts de gloire dans les plaines de l'Amérique , plusieurs ont accueilli l'Auteur avec amitié ; &, parmi les zélés Partisans de son projet , qui l'ont appuyé de leurs éloges & de leurs encouragemens, il peut nommer Son Excellence M. le Marquis de LA LUZERNE (1), M. le Marquis de la Fayette & M. de MARBOIS , Intendant des Isles du Vent. &c.

M. OSTER a constament traité l'Auteur avec égards & amitié, dans les différens Etats ou il a eu le bonheur de le rencontrer, principalement pendant la cruelle maladie dont il fut affligé à *Philadelphie*, en 1780.

Ce Vice-Consul de France en Virginie, par son intégrité, ses lumières & ses honnêtes procédés, s'attire généralement l'estime & l'amitié des Habitans du Pays où il réside, & ne contribue

---

(1) Ambassadeur de France, qui eût la bonté d'envoyer son Médecin, à l'Auteur, pour prendre soin de lui, pendant toute sa maladie , *à Philadelphie.*

pas peu à maintenir la bonne intelligence qui règne entre la *Virginie* & la *France*.

M. Claude - Paul Raguet a rendu des services importans à l'Auteur ; MM. Audrin, la Café, Omphery, MM. les Docteur Noël, & le Mayor ; MM. Dorffière, & Bartholomy, & MM. Cureau, & Charles-François Duval, *en Virginie*, (tous Français) ont appuyé son entreprise.

Ce détail servira à prouver, que cet Établiffement a obtenu le suffrage de la plupart des perfonnages diftingués du pays. Le Fondateur s'eftimerait trop heureux s'il pouvait contribuer à détruire la mauvaife opinion, qu'ont donnée certaines perfonnes, fur les habitans de cette belle contrée, faute peut-être d'y avoir réfidé affez long-tems, pour être en état de diftinguer les *Nouveaux-venus* & les *Aventuriers étrangers*, d'avec les *Naturels du pays*. Il fe peut que, dans le nombre de ceux qui fe plaignent, il y en ait qui ayent raifon de le faire ; mais, comme la plupart des autres, & notamment l'Auteur, pendant dix années de féjour, n'ont eu qu'à fe louer de leurs procédés, il doit rendre hommage à la *vérité*, en difant hautement que, s'il a eu lieu de fe plaindre de quelques mauvais traitemens, il n'a dû les attribuer qu'à des Étrangers, & quelquefois même à des compatriotes ; qu'enfin, s'il a rencontré dans ce pays des oppresseurs, les défenseurs les ont toujours surpassés en *nombre* & en *mérite*.

Entre une foule d'exemples, qu'il pourrait citer, de la bonté naturelle de ces braves & honnêtes gens, de l'hospitalité, par eux, fraternellement, exercée, de leurs sentimens généreux & reconnaissans, il ne peut se refuser, en finissant, de rapporter un trait, arrivé à *Willamsbourg*, au mois de Décembre 1786; attesté par une multitude de témoins, & qu'il tient de la bouche même du Consul, avant son départ.

Un Français. (l'un de ces réfugiés, *l'opprobre de leur Nation*,) venait de commettre des crimes, qui méritaient le dernier supplice. M. OSTER en sa qualité de Consul de France, en poursuivait la punition au nom de la Nation. La Reconnaissance des habitans l'emporte : ils se contentent de bannir coupable, &, dans leurs Transports, ils s'écrient : *Non, un Français ne recevra pas une mort* HONTEUSE *parmi nous;* VAS SUBIR *ailleurs*, LE CHATIMENT QUI T'ÉTAIT RÉSERVÉ.

La franchise, avec laquelle, l'Auteur, a été quelquefois, dans le cas de s'expliquer en présence des Américains eux-mêmes, lorsqu'il vivait parmi eux , lui eſt un ſûr garant, de n'être pas ſoupçonné de flatterie , par les perſonnes dont il a l'honneur d'être connu ; mais il s'expoſerait volontiers à cette imputation , *non méritée* , pour remplir un devoir impoſé par la Juſtice & la Reconnaiſſance.

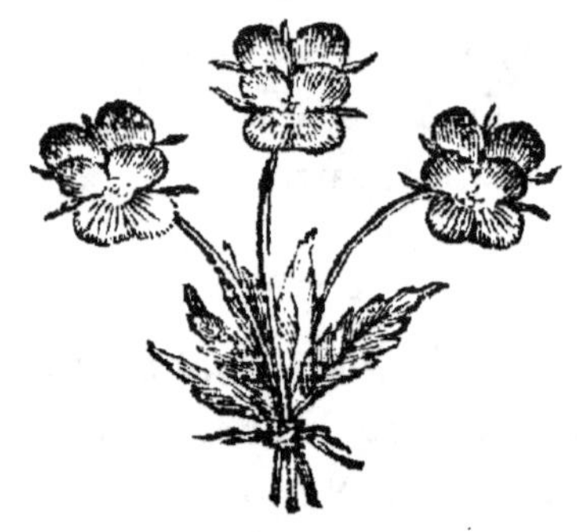

G 4

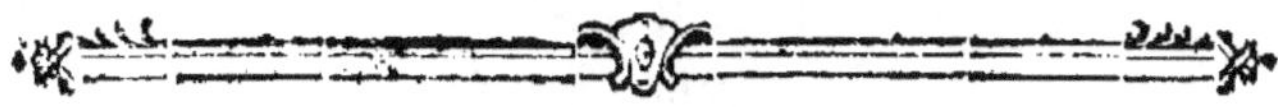

LISTE

DES PREMIERS SOUSCRIPTEURS EN VIRGINIE.

Année 1786.

MESSIEURS,

B. ADAMS,	*Archibald* CARY.
R. ARMSTEAD.	COHEN & ISAAC.
Moses AUSTIN.	*William* COULTER.
Henry BANKS. (1)	*Samuel* COUSH.
Chiswel BARETT.	*Reuben* COUTLS.
John BARETT.	*Samuel* M[c] CRAW.
Smith BLEAKEY.	*Thomas* M[c] CRUSEY.
Robert BOLING.	*Francis* DANDRIGE.
William BOOKER.	*William* DAVIS.
Richard BOWLER.	*Thomas* M. DEANE.
Robert BOYD.	*Henry* DIXON.
James BRONSLEY.	*John* DIXON.
John BURTON.	*William* DU VAL
William BURTON.	*Serafina* FORMICULA.

---

(1) M. HENRY BANKS a fait des avances considérables en faveur de l'Académie.

'MESSIEURS.

William FOUSHÉE.
Gabriel GALT.
A. GEOGHEGEN.
John GIBSON.
Erasmus GILL.
H. GIROUD.
Francis GOODE.
Robert GOODE.
Thomas GORDON.
Francis GRAVES.
Robert GREENHOW.
John GUNN.
John HARVIE.
William HESLET.
Gilbert HAY.
Custis HAYNES.
James HAYS.
Joseph HIGBÉE.
David HUMPRHEYS
Daniel HYLTON.
Francis JAMES.
Richard JERNON.
John Mc. KEAND.
John KER.
David LAMBERT.

Robert LAUGLIN.
Benjamin LEWIS.
William LEWIS.
Abraham LOTT.
John Mc LURG.
William LYNE.
Sampson MATHEWS.
John MAY.
William MAYO.
Dabney MILLER.
Robert MITCHEL.
A. MONTGOMERY.
Richard MORRIS.
Mme Susanna NEVENS.
William PENNOCH.
Georges PICKETT.
Barnet PRICE.
John PRIOR.
N. RAGUET.
Thomas RANDOLPH.
T. M. RANDOLPH.
Henry RANDOLPH.
Thomas RICHARD.
A. Mc ROBERT.
Jesse ROPER.

MESSIEURS,

Thomas ROSSES.	*Daniel* TRUNCHART.
John STEWART.	*Edward* VOSS.
John STOCDELT.	*Daniel* WANDEVAL.
Tenner SOUTHALL.	*James* WARINGTON.
R. SOUTHGATES.	*Fofler* WEB.
Thomas TAAB.	*Bikerton* WEBE.
Stephen TANKARD.	*Nathaniel* WILKINSON.
Peter TINSLY.	*Ifaac* YONGHUSBAND.
Samuel TROWER.	*P.* YONGHUSBAND.

OUVERTURE

De la première Séance du Comité de Correspondance, par M. BASSUEL DU VIGNOIS, Secrétaire-Perpétuel, à Paris.

Du Mardi 23 Septembre 1788.

MESSIEURS,

Qu'il tardait à notre impatience, de voir arriver ce jour mémorable, où vous allez donner la première impulsion à l'Académie naissante de Richemond, & lui communiquer ce principe de vie, ce mouvement rapide, qui de proche en proche, va bientôt s'étendre jusqu'aux régions les plus éloignées !

Le Comité de Correspondance établi en cette Capitale, si je n'avais l'honneur de lui appartenir, je le présenterais, MESSIEURS, comme formé de la réunion des Personnages les plus recommandables : je vanterais l'utilité de ses relations, qui doivent tant contribuer aux suc-

cès & à la gloire du nouvel établiſſement : ſon importance , bien capable de concilier à l'Académie Américaine l'eſtime, diſons plus , le reſpect du Public ; & de lui mériter la confiance à laquelle elle a dû prétendre.

Vous m'impoſez ſilence, à cet égard. Mais je dois applaudir avec vous au noble enthouſiaſme de ces puiſſantes Républiques, qui après avoir bien mérité de la génération préſente, préparent à ſes deſcendans de pacifiques & non moins brillantes conquêtes. Mais vous me reprocheriez, MESSIEURS , de ne pas ſaiſir cette heureuſe occaſion de payer un juſte Tribut d'éloges au Fondateur-Préſident.

Né avec un génie ardent, & une conſtance peu commune, le Chevalier Queſnay ajoute à l'éclat d'un nom déjà illuſtré par les lumières & les écrits d'un Ayeul célèbre. Il intéreſſe à la fois les deux Mondes. Le plan qu'il a conçu & exécuté, également vaſte dans ſon objet & dans ſon étendue, qui embraſſent à la fois les Sciences & les Arts, ne ſe preſcrit d'autres limites que celles de l'eſprit humain ; ne connaîtra d'autres bornes que celles posées par les mains de la Nature, sur la surface de notre Globe.

Quel champ s'ouvrirait devant moi ; quelle carrière à parcourir ! si je ne craignais MESSIEURS, d'abuser de vos momens ; & si je ne redoutais encore plus mon insuffisance. Daignez être bien convaincus, que je ne négligerai rien pour compenser par les efforts de mon zèle, bien imparfaitement sans doute, ce qui me manque du côté du savoir & des talens.

EXTRAIT

Des Délibérations prises en l'Assemblée du Comité

NOUS, DÉNOMMÉS CI-APRÈS, ayant été assemblés de confiance par M. le Chevalier Quesnay de Beaurepaire, Président de l'Académie naissante de Richemond, dans l'Amérique septentrionale, à l'effet de donner notre avis sur le choix d'un Professeur de Chimie, d'Histoire Naturelle & de Botanique. Pour ladite Compagnie avons, d'une voix unanime, accordé nos suffrages à M. le Docteur Jean ROUELLE, comme ayant les talens, les connaissances & la probité nécessaires pour bien remplir cette place.

Au reste, en donnant notre voix à M. Rouelle, Nous n'avons prétendu autre chose que de donner à ce SAVANT une marque de notre Estime, à M. Quesnay une preuve du cas que nous faisons de sa Personne & de son projet, & de l'intérêt que nous prenons aux progrès des Sciences en Amérique : N'entendant en aucune façon que cet écrit puisse avoir de force obligatoire, qu'autant qu'il sera ratifié par Messieurs les Membres de l'Académie, résidans actuellement à Richemond & de toute autres Personnes ou Corporations à qui il appartiendra de connaître des intérêts de la susdite Académie. En foi de quoi nous avons signé pour servir & valoir ce que de raison.

A Paris, ce vingt trois septembre mil sept cent quatre-vingt-huit.

Le Marquis de la BILLARDRIE.   *De* FOURCROY.
Le Comte de la CEPEDE.   THOUIN.
Le ROY.   SAIFFERT.
De la LANDE.   PIERRE.
TENON.   CAILLEAU.

Je certifie le présent Extrait conforme a l'original étant entre mes mains. A Paris, ce 28 Septembre 1788.
Signé BASSUEL, Secrétaire-Perpétuel.

En conséquence du vœu formé par la susdite Assemblée, M. JEAN ROUELLE, Docteur en Médecine, a été nommé Minéralogiste en chef de l'Académie, Professeur & Démonstrateur d'Histoire Naturelle, de Chymie & de Botanique, & part dans les premiers jours d'Octobre prochain pour l'Amérique.

Héritier d'un nom, justement révéré des Savans, M. Rouelle a su s'en rendre digne par ses longues & pénibles Etudes, par des Voyages dans lesquels il a manifesté ce coup-d'œil observateur qui décele

le Physicien & le Naturaliste; & enfin par les connaissances étendues & profondes, qu'il possede
dans les Sciences dont l'enseignement lui est confié.

Aux termes de son engagement, qui est pour
l'espace de dix années consécutives, il se charge
de former un Cabinet d'Histoire Naturelle, rangé
dans un ordre systématique; composé, tant des
objets qui lui seront fournis par le Fondateur-
Président, que d'échantillons choisis de tous les
Minéraux, Coquillages - fossiles & autres, ras-
semblés dans les voyages qu'il entreprendra par
les ordres & aux frais de l'Académie.

Enfin, il sera tenu d'en faire des Collections,
pour être distribuées, soit en Amérique, soit en
Europe : de Veiller aux expéditions qui en seraient
ordonnées, comme sur la composition des her-
biers, sur les envois de graines, plantes, arbres,
& arbustes, provenans du Jardin Botanique & de
la Pépinière; d'Animaux rares, coquillages & autres
productions de toute espèce, qu'offrira plus parti-
culièrement la Nature, dans ces vastes contrées.

L'Académie se propose même d'attirer à son
service des Sauvages qui en faciliteront la recherche. L'on s'adressera pour les demandes, en Amérique, au Secrétaire de l'Académie, à Richemond :
en Europe, à M. THOUIN, l'un de nos Associers-
Etrangers, de l'Académie Royale des Sciences, ou
à M. BASSUEL DU VIGNOIS, Secrétaire-Perpétuel
pour la Correspondance, *a Paris.*

OBSERVATIONS.

COMME l'Auteur ne pouvait insérer dans ce Recueil qu'une partie des Statuts & Reglemens, il s'est restraint à citer ceux qui ont un rapport plus direct : 1º. à l'Association proposée entre l'Académie, & les Sociétés savantes de l'Europe ; 2º. à ce qui concerne le sort des Professeurs, Maîtres & Artistes que l'on se propose de choisir dans ce Continent.

Malgré les détails dans lesquels on est entré, il croit essentiel de publier, de nouveau ; que cet Etablissement est divisé en deux classes absolument distinctes ; l'une, SOCIÉTÉ ACADÉMIQUE formant une Correspondance Littéraire pour le progrès des Sciences & des Arts : l'autre, ECOLE d'Institution & Atteliers de travaux, sous l'inspection & la régie du Conseil d'Administration à Richemond.

La retenue de moitié, sur le produit des Ecoles, imposée aux Maîtres & Artistes, formera, en grande partie, les revenus de l'Académie ; & le partage auquel on les assujettit, même dans les émolumens de leurs Travaux, n'est qu'un moyen d'obvier à ce que les Professeurs ne négligent leurs Ecoles respectives, pour se livrer

H

à des Entreprises particulières. Cette Affociation d'intérêt, (très-propre d'ailleurs à exciter une Emulation réciproque) n'aura lieu cependant, qu'autant qu'Elle fera néceffaire, pour fournir à l'Académie les moyens de fe libérer envers les Soufcripteurs, aux termes convenus.

De-là il réfulte que, dans le Plan propofé, l'UTILITÉ GÉNÉRALE naît du concours des intérêts individuels ; & enfin que le Fondateur-Préfident ne prend avec fes Coopérateurs, ou autres Intéreffés aucun engagement, dont l'exécution ne foit d'avance pleinement affurée.

Après la révolution des quinze premieres années, l'Académie devant fe trouver entièrement libérée, & même fuffifamment munie de fonds pour admettre des changemens dans la Régie, les Membres convoqués apportèront à nos STATUTS, jufqu'alors provifoirement adoptés, tels Additions, Retranchemens ou Modifications que le tems & l'expérience auront indiqué devoir être plus avanrageux, & que les circonftances pourront permettre.

Il eft enfin un troifième Ordre, celui des SOUSCRIPTEURS, qui peuvent être, ou n'être pas Membres de l'Académie : qui tous feraient appellés à en partager les bénéfices, dans une proportion déterminée ; mais parmi lesquels le Public saura distinguer , avec non moins de respect que de reconnaissance , ces Personnages d'un rang éminent, ces Puissances tutelaires & bienfaisantes, qui mûs par des considérations d'une toute autre importance , auront voulu donner , en faveur de notre Etablissement, l'exemple doublement honorable de leur approbation & d'une protection signalée.

ADDITION

A LA LISTE DE MM. LES ASSOCIÉS-ÉTRANGERS.

MESSIEURS,

L E Comte d'AFFRY , Chevalier des Ordres du Roi , Lieutenant-Général de ses Armées , Colonel de ses Gardes Suisses , de l'Académie de Peinture & Sculpture , Honoraire Associé Libre de l'Académie Royale d'Architecture , *à Paris.*

De BALIGAND D'HEILLECOURT , Membre résident du Cercle des Philadelphes du Cap-Français. *Au Cap.*

Le Chevalier BARRÉ DE SAINT-LEU, Officier de la Marine du Roi, de la Société Militaire de Cincinnatus, Membre du Cercle des Philadelphes du Cap-Français, *à Brest.*

BARRÉ DE SAINT-VENANT, Commandant de Milice à Saint-Domingue, Membre de la Société d'Agriculture du Cap, & Président du Cercle des Philadelphes, *au Cap-Français.*

BILLIAUX, Ingénieur de l'Académie Royale des Sciences, en Inftrumens de Phyfique, & Breveté du Roi, *à Paris.*

CAROCHER, Ingénieur de l'Académie Royale des Sciences, en Inftrumens d'Optique, Breveté du Roi, & attaché au Cabinet de Phyfique de SA MAJESTÉ, *à Paffy.*

COCHIN, Chevalier de l'Ordre du Roi, Garde des Deffins du Cabinet de SA MAJESTÉ, Sécretaire perpétuel de l'Académie Royale de Peinture & Sculpture de Paris, de l'Académie des Sciences & Belles-Lettres & Arts de Rouen, Cenfeur Royal, *aux Galeries du Louvre.*

Le Duc de COSSÉ, ancien Menin du Roi, Grand'-Croix de l'Ordre de Malthe, Maréchal des Camps & Armées du Roi, *à Paris.*

DIONIS DU SÉJOUR, Confeiller de Grand-Chambre au Parlement de Paris, de l'Académie

Royale des Sciences , de la Société Royale de Londres , des Académies de Stokholm & de ****tingen , *à Paris.*

De FER DE LA NOUERRE , Ancien Ca***** d'Artillerie , de l'Académie Royale des Scie***** de Turin , de celle de Dijon , & préfenté à l'Académie Royale des Sciences , *à Paris.*

De FONTANELLE , *à Paris.*

FORTIN , Ingénieur de l'Académie Royale des Sciences , en Inftrumens de Phyfique , Breveté du Roi , *à Paris.*

HALL , de l'Académie Royale de Peinture & Sculpture , *à Paris.*

HEMERY , de l'Académie Royale de Marfeille , *à Paris.*

HEVIN , fils , de l'Académie Royale de Chirurgie , Premier Chirurgien en furvivance de MONSIEUR & de MADAME , *en Cour.*

Mme LEBRUN , de l'Académie Royale de Peinture & Sculpture , *à Paris.*

LENGLET , Avocat en Parlement , Membre de de l'Académie des Belles-Lettres d'Arras.

De LESPINASSE , Chevalier de St.-Louis , Membre de l'Académie Royale de Peinture & Sculpture , *à Paris.*

De la METHERIE , Docteur en Médecine ,

de l'Académie des Sciences , Arts & Belles-Lettres de Dijon , de l'Académie Impériale & Electorale de Mayence , *à Paris.*

MONGÉS , Chanoine Régulier de la Congrégation de France , Garde des Antiques & du Cabinet d'Histoire Naturelle de Ste. Geneviéve , de l'Académie Royale des Belles-Lettres de Paris , des Académies de Lyon , Dijon , Rouen , *à Paris.*

Le NOIR , Ingénieur de l'Académie Royale des Sciences , en Instrumens de Mathématiques , Breveté du Roi , *à Paris.*

De ROQUELAURE , Evêque de Senlis , Premier Aumonier du Roi , Conseiller d'Etat ordinaire , Commandeur de l'Ordre du St.-Esprit , de l'Académie Françoise.

SUE , de l'Académie Royale de Chirurgie , Professeur du Lycée , *à Paris.*

Le Comte de VAUDREUIL , Maréchal des Camps & Armées du Roi , ancien Grand Fauconier de France , Chevalier des Ordres de SA MAJESTÉ , *à Paris.*

WILLEMET , Médecin des Hôpitaux du Roi , Aggrégé ordinaire , & Professeur de Botanique au Collége Royal des Médecins de Nancy , Premier Médecin du Nabab-Tipoo , Sultan le Victorieux , *sur la Côte de Coromandel & du Malabar , dans le voisinage de Pondichery.*

APPROBATION.

Nous avons lu, par ordre de Monseigneur le Garde des Sceaux, le préfent Manuscrit. Le plan qu'il renferme, nous a paru très-ingénieux, & très-propre à remplir son objet; conséquemment mériter l'approbation & l'appui des Gouvernemens, ainsi que de toutes les personnes éclairées, en état de concourir à son succès. Cet Etablissement, (digne d'éloges à tous égards), est poursuivi avec un courage & une constance qui annoncent beaucoup de caractère, dans son Auteur, petit-fils du Docteur QUESNAY, cet illustre Philosophe, à qui l'Europe doit la découverte des Principes qui constituent le Gouvernement le plus avantageux au genre humain. A Paris, ce 27 Février 1788.

Signé DE HESSELN, *Censeur Royal.*

E R R A T A.

PAGE 2, *ligne* dernière, *effacez* fous vos aufpices.

— 13 , troifième ligne *lifez* fculpture au lieu de fcupture.

— 29, *ligne* 8 , Architecture Civile & Militaire , *fuppléez* Architecture Civile , Militaire & Navale.

— 25, quinzième ligne, *lifez* Mc Lurg , au lieu de Melurg.

— 31 , avant dernière ligne , *lifez* voilure , au lieu de voiture.

— 32, fixième ligne , *lifez* fpectacle , au lieu de fpectale.

— 40, *ligne* 19 , *lifez* tranfports, au lieu de t nfport.

— 57, *ligne* 20 , *lifez* au Secrétaire , au lieu de ou Secrétaire.

— 59, *ligne* 20 , *lifez* recette au lieu de recerte.

— 67, *ligne* 17 , aux Galleries Louvre , *lifez* Galleries du Louvre.

— 70, *ligne* 7 , tréforiers , *lifez* tréforier.

Idem. ligne 6, actionneinaires , *lifez* actionnaires.

— 74, *ligne* première , rembourbourfement , *lifez* rembourfement.

— 58 , art. 23 , *lifez* 24.

— 59, art. 24, 25 , 26, *lifez* 25 , 26, 27.

— 61 , ligne 13 , après ces mots *Confeil d'Adminiftration* , *ajou-*
tez : même en faveur des veuves , des Profeffeurs , Maîtres & Artiftes en chef qui viendraient à décéder au fervice de l'Académie.

www.ingramcontent.com/pod-product-compliance
Lightning Source LLC
LaVergne TN
LVHW021851170726
843503LV00003B/1168